わかる！ 取り組む！

新・災害と防災

1 地震

帝国書院

はじめに

　2011年3月、東日本を大きな地震と津波が襲い、東北地方の太平洋沿岸部は壊滅的な被害を受け、多くの犠牲者を出しました。日本ではその後もさまざまな自然災害が発生しましたが、近年においても平成30年7月豪雨(2018年)、令和元年東日本台風(2019年)、令和2年7月豪雨(2020年)など、毎年のように大きな水害が発生しています。また、冬期には交通機関がストップするような大雪があり、気象災害は激しさを増しています。そして南海トラフ巨大地震や首都直下地震など、遠くない将来に発生が心配される大きな地震や津波もあります。この本の発刊直前には、令和6年能登半島地震(2024年)が発生しました。

　私たちが暮らす日本では、これまでも大きな自然災害の発生と被害からの復興を繰り返しながら生活してきました。もはや、自然災害は自分には関係ないこととはいえず、いつか起こることとして考えるべき状況といえるでしょう。では、災害が起こったときにどうしたら生きのびることができるでしょうか。被害を最小限にとどめることができるのでしょうか。もし本当に災害にあってしまったら、私たちはどうしたらよいのでしょうか。

　古来、日本人がどのように自然災害と向き合い、乗り越えてきたのかを先人から学ぶことは、その手がかりの一つとなることでしょう。しかし、科学技術がどれほど発達しても、災害を引き起こす自然現象を正確に予知することは難しく、ましてやそうした自然現象自体を止めることは不可能です。この事実を受け止めたとき、重要なのは私たち一人ひとりの考えと行動です。今回新たに発行された『わかる！ 取り組む！ 新・災害と防災』は、過去に起こった災害の記憶や教訓を風化させることなく、読者のみなさんが「自分ごと」として取り組むことを目指しています。自然災害を正しく理解し、みなさん一人ひとりの防災に対する見方・考え方を育んでほしいと願っています。

　さあ、私たちの未来のためにページをめくってみましょう。

2024年1月　帝国書院編集部

本書の使い方

本の構成

基 礎	→	事 例	→	対 策

災害が起こるしくみを
わかりやすく解説しています。

どのような災害・被害が起こったのか、
具体的に紹介しています。

災害からの被害を防ぐにはどうすればよ
いか、解説しています。また、各地で行
われている実践例も紹介しています。

ページの構成

災害のようすを
表すわかりやす
い写真などを掲
載しています。

本文に関する
地図や図版を
多数掲載して
います。

災害を実際に体
験した方々の話
を「体験者の声」
として紹介して
います。
ほかにも歴史や
教訓を紹介する
コラムを多数掲
載しています。

関連するページ
が書いてありま
す。あわせて読
んでみましょう。

その他

阪神・淡路大震災の経験者が語る
災害を体験した方々の「声」
を多数紹介しています。

クローズアップ
災害を乗りこえてきた人々
の具体的な生活や活動を
紹介しています。

アクティビティ
本巻で得た知識をもとに
して実際に災害が起こった
ことを想定し、自分ならそ
のときどのような行動をと
るか作業をしながら考える
ページです。

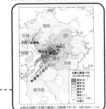

「クロスロード」に
挑戦！
災害時、判断が
分かれる場面で
自分ならどう行
動するのか考え
てみましょう。

もくじ

※各ページの「ここも見てみよう」の用は用語解説を参照。

『新・災害と防災』 ほかの巻のもくじ

太平洋・インド洋周辺のおもな大地震

ユーラシア大陸

ヒマラヤ山脈

インド洋

インド洋中央海嶺

南　極　海

オーストラリア大陸

東北地方太平洋沖地震
2011年3月11日
マグニチュード9.0

能登半島地震
2024年1月1日
マグニチュード7.6（暫定値）
（2024年1月2日現在）

熊本地震
2016年4月16日
マグニチュード7.3

四川大地震（中国）
2008年5月12日
マグニチュード7.9

兵庫県南部地震
1995年1月17日
マグニチュード7.3

トルコ・シリア地震
2023年2月6日
マグニチュード7.8

パキスタン地震
2005年10月8日
マグニチュード7.7

ネパール地震
2015年4月25日
マグニチュード7.8

スマトラ島沖地震
（インドネシア）
2004年12月26日
マグニチュード9.1

日本海溝

千島・カムチャツカ海溝

マリアナ海溝

スンダ（ジャワ）海溝

北極海

北西太平洋海山群

アリューシャン海溝

アラスカ地震
（アメリカ合衆国）
1964年3月27日
マグニチュード9.2

ロッキー山脈

北アメリカ大陸

アパラチア山脈

西インド諸島

ハワイ諸島

サンフランシスコ大地震
（アメリカ合衆国）
1906年4月18日
マグニチュード8.3

大平洋

ハイチ地震
2010年1月12日
マグニチュード7.3

南アメリカ大陸

エクアドル地震
2016年4月6日
マグニチュード7.8

ペルー海溝

アンデス山脈

トンガ海溝

ケルマデック海溝

東太平洋海嶺

チリ海溝

チリ地震
1960年5月22日
マグニチュード9.5
2010年2月27日
マグニチュード8.5

● おもな地震の震源

©TRIC/NASA/NOAA

基礎 ① 地球の活動と日本の地形の特色

日本の自然環境と災害

▲残雪の白馬三山と水田（長野県 白馬村 5月）

日本の豊かな自然

　私たちが暮らす日本列島は、豊かな水と大地に恵まれ、世界のなかでも比較的暮らしやすい自然環境にあります。列島の中央には緑豊かな山々がつらなっていて、森林面積は国土の約7割にも及びます。山々から流れる無数の川は、周囲をぐるりと取り囲む海へと注ぎ込んでいます。川が運んだ土砂は、少しずつ流域内にたまって扇状地や平野をつくり、また、海まで森林の栄養分が運ばれることで、魚など海の生きものも育まれています。日本人は古来、清らかで美しい自然の景観を「風光明媚」「山紫水明」とよんで賛美しながらも、ときに災害をもたらす自然の脅威に対しては一種の敬意をもって崇めてきました。

　世界には、ほとんど雨の降らない砂漠や、極寒の土地もあります。それに対して、日本の気候は比較的温暖で四季の変化が明瞭なうえ、一年中雨や雪が多く降ります。こうした湿潤な気候条件は、大地を潤して稲作や畑作を支え、私たちに豊富な生活用水や産業用水をもたらしています。しかし他方で、豪雨による洪水や土砂災害、あ

るいは豪雪による災害をももたらしてきました。

　また、日本ではひんぱんに地震が発生します。地震の原因は断層の動きにあるため、それに伴って地面の盛り上がり（隆起）や沈み込み（沈降）も起こります。これを「地殻変動」といい、それが長年にわたって何度もくり返されることで、地形の起伏が大きくなり、山や平野ができる要因の一つにもなりました。「山あり谷あり」という日本の地形は、地殻変動の産物でもあるのです。さらに、火山活動も活発です。火山は噴火をくり返すことで成長し、また、火山から噴出した火山灰は周辺に降り積もり、作

▲湯けむりが上がる温泉地（大分県 別府温泉）

江戸時代の鯰絵ブーム

▲江戸時代に描かれた鯰絵（「信州鯰と江戸鯰」）

江戸時代には鯰が地震を起こすという民間信仰があった。そのことを今に伝えるものが、安政江戸地震（1855年）後に多く描かれた鯰絵である。地震をしずめるとされた鹿島大明神が、鯰の上に要石とよばれる大きな石をすえて動けないようにしている絵は、地震除けのお守りとされた。当時、地震が頻発したこともあり、背中に地震が起こった地名が描かれた鯰たちが謝罪していたり、地震後に儲かった大工が鯰をもてなしていたりするユーモラスな絵も残されている。社会が混乱していた江戸末期にあって、こうした錦絵には「世直し」への期待も込められていたのではないかという意見もある。地震の原因が鯰であると、人々がどれほど真剣に信じていたかは知るよしもないが、地震の原因が何なのか、つい半世紀ほど前まで謎だったことも事実である。

物を栽培する土壌のもとになりました。火山周辺は地熱が高いため、温泉として親しまれたり、発電に利用されたりもしています。

　日本の自然の特徴は、湿潤な気候と激しい地殻変動にあります。これほど降水が多く、地震や地殻変動が活発な場所は世界でも まれ なのです。こうした自然こそが、私たちの生活の舞台を整え、多くの恩恵を与えてくれました。しかし、それはときに災害ももたらします。私たちは、そのような二面性のある日本特有の風土の特徴をよく理解して、最適な暮らし方を考えなければいけません。

くり返し起こる地震や火山噴火

　日本は、地震や火山噴火の多い国です。私たちの祖先は、多くの災害を経験してきました。現存する最も古い地震の記録は416年にさかのぼるとされ、『日本書紀』に記されています。以来1600年間にわたる地震の記録は、日本において地震の危険性がどの程度であるかを知る手がかりとなっています。地震が起こりやすい場所は決まっていて、そこでは過去にもくり返し地震が起こってきました。

　例えば、2011年に「いまだかつてない"未曾有"の災害」といわれた東日本大震災が起こりましたが、歴史をふり返れば三陸沖・宮城沖ではいく度となく地震がくり返され、そのたびに大きな津波に襲われてきました。869年には貞観地震が起こり、このときの津波は2011年の津波に匹敵する規模だったとされています。また、これまでの

歴史のなかでは、地震と火山噴火があいついだこともありました。貞観地震の5年前には、富士山が大量の溶岩を流す大噴火を起こしたことが知られています。

　明治時代の物理学者寺田寅彦が「天災は忘れた頃にやってくる」と警告したとおり、大規模な地震や火山噴火が繰り返し起こる間隔は人の一生より長いことが多いため、過去の経験が忘れ去られがちです。だからこそ、先人が残してくれた教訓や知恵を後世に残す工夫をしていかなければなりません。何度も災害にあいながら、それでも生活を立て直し、災害を乗り越えてきた先人たちの歴史は、私たちにとっても貴重なものです。

基礎

■…地震　■…火山噴火

年	おもなできごと	1855	安政江戸地震（江戸および付近）M7.0～7.1　約1万人
864	富士山噴火（貞観噴火）	1891	濃尾地震（岐阜県西部）M8.0 7273人
869	貞観地震（三陸沿岸）M8.3 約1000人	1896	明治三陸地震（三陸沿岸）M8.2 2万1959人
1498	明応地震（東海道全般）M8.2～8.4　約4万1000人	1923	関東地震（関東大震災）（関東）M7.9 約10万5000人
1605	慶長地震（伊豆～九州）M7.9 3000人以上	1933	昭和三陸地震（三陸沿岸）M8.1 3064人
1611	慶長奥州地震（三陸沿岸～北海道東岸）M8.1　約5000人	1944	昭和東南海地震（静岡、愛知、三重）M7.9 1183人
1707	宝永地震（中部～九州の太平洋沿岸）M8.6 2万人以上	1945	三河地震（三河湾）M6.8 2306人
	富士山地震（宝永噴火）（関東・東海）	1946	昭南海地震（和歌山、高知）M8.0 1330人
1741	渡島大島噴火（北海道）1475人	1948	福井地震（福井県北部）M7.1 3769人
1771	八重山地震津波（八重山・宮古）M7.4　約1万2000人	1995	兵庫県南部地震（阪神・淡路大震災）（兵庫県南部）M7.3 6434人
1783	浅間山噴火（群馬）1151人	2011	東北地方太平洋沖地震（東日本大震災）（東北～関東の太平洋沖）M9.0 2万2312人
1792	雲仙岳噴火（長崎）1万5188人	2014	御嶽山噴火（長野・岐阜）63人
1854	安政東海地震（関東～近畿の太平洋沿岸）M8.4　2000～3000人	2016	熊本地震（熊本）M7.3 273人
	安政南海地震（中部～九州の太平洋沿岸）M8.4 数千人	2018	北海道胆振東部地震（北海道）M6.7 43人
		2024	能登半島地震（石川）M7.6 213人

（場所）＝特に被害のあった地域、M＝マグニチュード、人＝死者・行方不明者（能登半島地震は死者のみ）／2024年1月11日現在　　　＊阪神・淡路大震災以降は災害関連死をふくむ

▲過去に起こったおもな地震・火山噴火《理科年表ほか》

ここも見てみよう　日本の気候➡4巻 p.8−13、豪雨による洪水➡4巻、土砂災害・豪雪➡5巻、火山➡3巻、津波➡2巻、東日本大震災➡2巻 p.14−27、富士山の噴火➡3巻 p.28−29

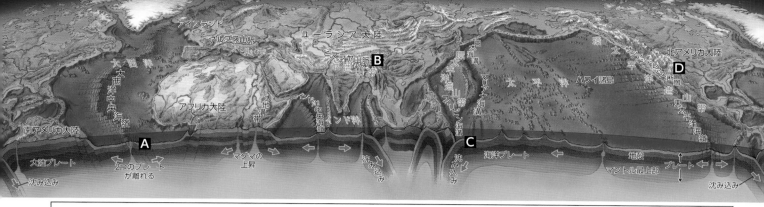

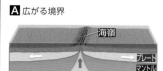 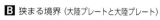 

| **A** 広がる境界 | **B** 狭まる境界 (大陸プレートと大陸プレート) | **C** 狭まる境界 (大陸プレートと海洋プレート) | **D** ずれる境界 |

▲地球のプレートの断面(上)と
プレートの境界(下)(模式図)

地震・火山とプレート運動

動く大地

　2016年の熊本地震では、地面が激しくゆれるとともに、長さ30km以上にわたって地面が割れてずれ動きました。こうした大地の動きを、実際に経験したり新聞やテレビの報道などで知る機会も増え、「大地が動く」といわれても皆さんは驚かないかもしれません。しかし、かつては「動かざること山のごとし」といわれ、大地は不動のものと信じられてきました。人類が「大地が動く」ことを自然に受け入れたのは、ごく最近のことです。

　大地の動きは、より大きな地球規模でも起こっています。なぜ「大地が動く」のでしょうか。地球を卵にたとえてイメージしてみましょう。地球の表面は、厚さ100〜150kmほどのかたい岩盤によっておおわれています。地球の半径に比べればその岩盤は数％以下のうすい部分で、卵の殻にたとえられます。興味深いことは、その殻がひ

び割れていることです。ゆで卵をテーブルにトントンと数回打ちあてると、殻は数個の かたまり に分かれるでしょう。地球の表面はちょうどそのような状態になっていて、その殻のかたまり一つ一つをプレートとよんでいます。プレートには大陸プレートと海洋プレートの2種類があり、両者では厚さや成り立ちに違いがあります。

　プレートが動くのは、地球の内部がやわらかい物質でできているためです。プレートより下の、卵の白身にあたる部分はマントルとよばれ、その一部は比較的やわらかく、ゆっくりと流動しています。そのため、その上に乗っているプレートは、まるで いかだ のように動くのです。これが地球規模のプレート運動とよばれるものであり、その結果、世界各地で複雑な相互作用が起こります。日本列島にも大きな圧力がかかり、それによって東日本大震災や熊本地震も引き起こされました。

プレートどうしの境界

　地球の表面は、ユーラシアプレート、北アメリカプレート、アフリカプレートなど十数枚のプレートにおおわれています。それらが別々の方向へ動くため、ある場所ではプレートどうしが離れて すき間が広がることがあります。また、ぶつかり合って狭まることもあれば、水平方向にずれ動くこともあります。これらを「広がる境界」「狭まる境界」「ずれる境界」とよび分けています。

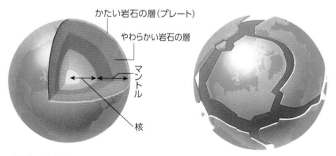

▲地球の内部構造(左)と地球表面をおおうプレートのイメージ(右)

「広がる境界」は、大西洋中央海嶺付近に典型的にみられます。「海嶺」とは、海底につらなる山脈のようなものです。ここでは高温のマントルが上昇することにより、ゆるやかなドーム状の隆起が起こり、その高さは周辺の海底に比べて2000mを超えています。そしてその頂部にできた割れめが徐々に開き続け、そこへ地下から溶岩がふき上がり、やがて冷えかたまって

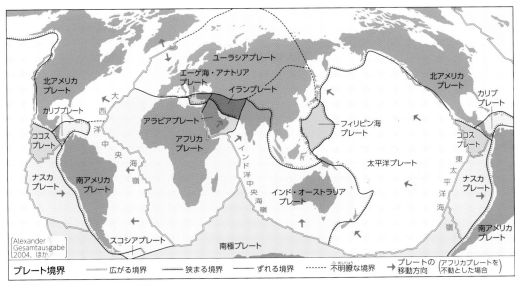

△世界のおもなプレートの分布

プレート境界 — 広がる境界 〜〜〜 狭まる境界 — ずれる境界 ‥‥‥ 不明瞭な境界 → プレートの移動方向（アフリカプレートを不動とした場合）

新しいプレートがつくられています。「広がる境界」は、このほかにインド洋や南太平洋東部などにもあり、プレート境界は野球ボールの 縫いめ のように地球上をおおっています。また、アフリカ東部にあるくぼんだ地溝帯も徐々に広がりはじめていて、やがては「広がる境界」になっていくだろうと考えられています。

「狭まる境界」は、日本海溝をはじめとする太平洋周辺や、ヒマラヤ山脈の南のふもとなどにみられます。そこでは別々のプレートがぶつかり合い、一方のプレートが別のプレートの下に沈み込んでいます。海洋プレートが沈み込む際には海底にきわめて深い溝状の地形ができ、それを「海溝」（浅いものを「トラフ」）とよんでいます。海溝は太平洋のほか、インド洋や地中海にもみられます。一方、ヒマラヤ山脈付近ではインドとユーラシアの大陸プレートどうしが衝突し、その圧力で激しい隆起が起こり、ヒマラヤ山脈が形成されています。もともと海底だったところが数千m以上の場所にまで押し上げられ、世界最高峰のエベレスト山などでは地層のしま模様が独特な景観をつくっています。

「ずれる境界」としては太平洋北東部が有名です。アメリカ合衆国カリフォルニア州で南北方向にのびるサンアンドレアス断層は、プレートどうしのずれる境界であり、横方向にずれ動いています。日頃から少しずつ動いていることがプレート境界ならではの特徴ですが、約100年ごとの地震の際に大きなずれが起こる場所もあります。そ

こでは、州の規定により断層の真上の土地利用が規制されています。

プレート境界に集中する地震・火山

地震や火山の活動は、特にプレートどうしの境界付近に集中しています。地震は、「広がる境界」「狭まる境界」「ずれる境界」のいずれにおいても多発します。プレートの境界には圧力がかかり、ときおり急激にずれることが強いゆれを起こす原因になるためです。2011年の東北地方太平洋沖地震のような巨大地震は、とくに「狭まる境界」で起こりやすくなります。また、プレートの境界からやや離れた内陸でも、プレート運動による圧力の影響で比較的大きな地震が起こります。

火山活動は「広がる境界」と「狭まる境界」で活発です。「広がる境界」にある火山としては、大西洋中央海嶺の真上に位置するアイスランドが典型であり、キリマンジャロ山などがあるアフリカ東部の大地溝帯にも数多くの火山が分布しています。一方、日本列島や南アメリカ大陸の太平洋岸、インドネシアなどの「狭まる境界」においては、海洋プレートが沈み込む海溝の周辺で火山活動が活発です。なお、大陸プレートどうしがぶつかる場合には火山活動が生じにくいため、ヒマラヤ山脈では現在は火山活動がみられません。火山活動とプレート運動の関係については、3巻でくわしくみていくことにしましょう。

ここも見てみよう　海溝・トラフ➡ p.21、サンアンドレアス断層➡ p.19、プレート運動と火山➡3巻 p.10-11、
大陸プレート・海洋プレート・海嶺・隆起・地溝帯・海溝・断層➡ p.59-60 用

プレート運動と日本列島

地震・火山が多い日本とその成り立ち

　私たちが暮らす日本列島に目を向けてみましょう。日本列島付近では、四つのプレートがぶつかっていると考えられています。世界中にこれほど複雑なプレート配置がみられる場所はほかにありません。日本列島は、長野県を縦断する糸魚川－静岡構造線付近を境にして東側は北アメリカプレート、西側はユーラシアプレートという別々の大陸プレートからなると考えられています。また、日本列島の東からは太平洋プレートが年間約8cmの速さで近づき、千島・カムチャツカ海溝～日本海溝で北アメリカプレートの下に沈み込んでいます。南からはフィリピン海プレートが年間約5cmの速さで北西へ移動し、南海トラフ・駿河トラフおよび相模トラフにおいて、ユーラシアプレートもしくは北アメリカプレートの下に沈み込んでいます。

　日本列島そのものの成り立ちにも、プレート運動が関わっています。海洋プレートが一定の深さまで沈み込むと岩石がとけ、流動性をもったマグマとなって地表に上昇し、火山を形成します。また、噴火にいたらずに地下深部でマグマがかたまってできた岩石も相対的に軽いため、浮力で浮き上がっていると考えられています。一般に、海溝やトラフから一定距離離れたところに、それらとほぼ平行して弓なりの列島が形成されることが多く、島弧（弧状列島）とよばれています。日本で今もなお活発な火山活動が続いているのも、プレートの沈み込みの影響なのです。

©TRIC/USGS 地形データは基盤地図情報（国土地理院）を使用しています
▲日本海側からみた糸魚川-静岡構造線断層帯

　プレートの沈み込みに伴って地震もひんぱんに起こっています。日本では、人間が感じることのできる震度1以上の有感地震は年間1000～2000回以上起こっており、その数は、陸地面積が世界の1％に満たないにもかかわらず、地球上で起こる地震のほぼ10％に及んでいます。内陸部で地震活動が活発なのもプレート運動の影響です。

　プレート運動に伴って隆起や沈降なども起こり、山脈や平野や盆地が形成されました。活断層の動きもこうした地形をつくる要因の一つとして注目されます。まさに私たちが暮らす日本の国土は、活発な地殻変動によってつくられたものだといえます。

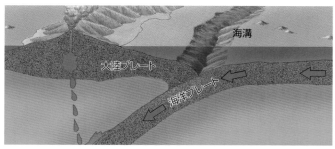

▲プレートの沈み込みと日本列島の形成

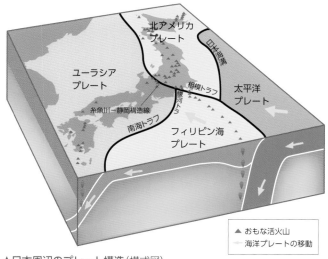

▲日本周辺のプレート構造（模式図）

「大陸移動説」と「プレートテクトニクス」

　20世紀初頭に、ドイツの気象学者アルフレッド・ウェゲナーは、大西洋をはさむアフリカ大陸と南アメリカ大陸の海岸線の形が似ていることや、両大陸の地層の分布にも共通点があることなどを根拠にして、「大陸移動説」をとなえた。当時、陸地は「動かざること山のごとし」と考えられた時代であったため、こうした大胆な説は受け入れられなかった。しかし、1960年代以降、地球科学の研究が進歩し、大地の動きを仮定しなければ説明できないようなさまざまな観測事実（例えば海底の地層の年代が海嶺から離れるにしたがって古くなることなど）が見つかり、ウェゲナーの大陸移動説は復活することになる。

　1970年代になると、地球をおおう複数のプレートとその移動により、地球上のさまざまな地質の分布状態や、地震や火山活動の発生原因が説明できることが分かり、「プレートテクトニクス」（プレートが相互に地球表面を移動しているという考え方）が確立された。その後、地球観測技術が進歩し、人工衛星を利用した距離計測などによっ

てプレートの詳細な動きが把握されるようになり、プレートテクトニクスが詳細に検証されるようになった。

　さらに、プレート運動の原動力は何かという謎解きが進み、近年ではその理由を地球内部のマントルの動きに求める新たな研究が進展している。

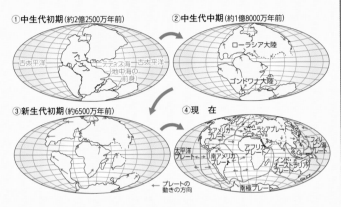

▲大陸移動説とプレートテクトニクス〈De Grote Bosatlas 2012〉

基礎

日本海東縁部にもプレートの境界がある？

　1983年の日本海中部地震は大きな津波を引き起こし、沿岸部に甚大な被害をもたらした。日本海で大きな津波が起こった例が当時はあまり知られていなかったため、大きな衝撃がはしった。地震による津波は、海底の大規模な隆起もしくは沈降が引き金であるため、そうした海底の大きな変動をもたらすプレート境界が、東北から北海道の日本海沖（すなわち日本海東縁部）にあるという可能性が指摘された。この考えにもとづいて過去の地震活動を整理すると、1833年庄内沖地震、1964年新潟地震などが一連のものとみなされ、さらにその後、空白域といわれていた場所で1993年北海道南西沖地震も発生した。また海底調査により、日本海東縁部に活発な地殻変動のあと（海底活断層）があることが確認された。

　日本海東縁部のプレート境界は北アメリカプレートとユーラシアプレートとの境界であり、これはさらに糸魚川－静岡構造線につながるとも考えられている。

▲日本海東縁部のおもな地震とプレート境界〈理科年表ほか〉

ここも見てみよう　糸魚川－静岡構造線➡ p.18、59用、日本の火山➡ 3巻 p.11、日本海側の津波・1993年北海道南西沖地震➡ 2巻 p.9、隆起・沈降・地殻変動➡ p.60用

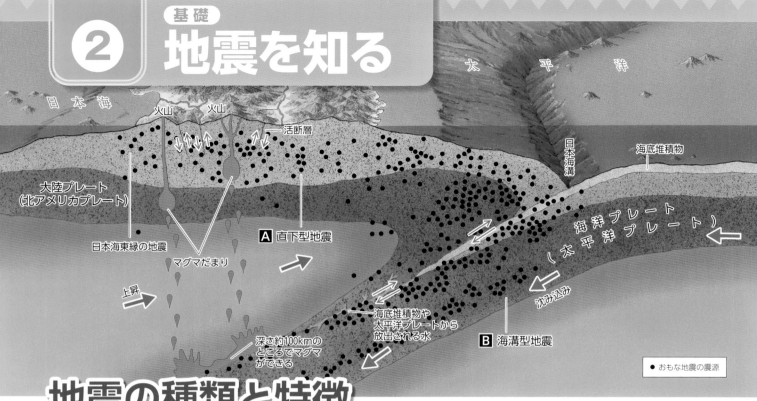

大 平 洋

日 本 海

火山　火山　　活断層

大陸プレート
（北アメリカプレート）

日本海東縁の地震

マグマだまり

上昇

深さ約100km の
ところでマグマ
ができる

A 直下型地震

海底堆積物や
太平洋プレートから
放出される水

B 海溝型地震

日本海溝

海底堆積物

海洋プレート
（太平洋プレート）

沈み込み

● おもな地震の震源

地震の種類と特徴

▲日本列島の断面図とおもな地震の震源

「直下型地震」と「海溝型地震」

　私たちは「地震大国」日本に暮らしており、多くの人々が地震を経験したり、新聞やテレビの報道を通してその被害を見聞きしたりしています。2016年熊本地震や2014年長野県北部の地震、東日本大震災をもたらした2011年東北地方太平洋沖地震、またそれ以前にも、2008年岩手・宮城内陸地震、2004年新潟県中越地震など、大きな被害をもたらす地震が各地で発生してきました。「日本のどこかで数年に1度は被害をもたらす地震が発生する」といっても過言ではありません。

　このように地震がくり返し発生するのは、前章でみてきたように、プレートの大きな圧力が常に日本列島に加わっており、ひずみ が生じやすいためです。では、具体的にはどこで地震が起こるのでしょうか。日本周辺の震源の分布を断面でみると、おもに二つのグループがあることが分かります。一つは、私たちが生活する陸や沿岸部の真下の浅いところで起こる地震-A、もう一つは、海洋プレートが大陸プレートの下へと沈み込む海溝付近の、やや深いところで起こる地震-Bです。Aは「直下型地震」、Bは「海溝型地震」とよばれています。

地震のゆれの伝わり方

　地震のゆれは、地震が発生した地下の場所である「震源」から、波紋を広げるように同心円状に伝わっていき、遠くに行くほど減衰して弱くなります。そのため、震源の近くでは強い ゆれ がすぐに到達しますが、震源から離れた場所には弱くなった ゆれ が一定の時間がたってから到達し

震源域
震度6
震度5
震度4
震度3
震度1～2

0　　200km

※震度階級は当時のもの

▲1923年関東地震の震度分布〈地震本部資料より作成〉

ます。1923年関東地震(関東大震災)の際には、強いゆれ
が関東地方南部をすぐに襲う一方で、そこから離れるほ
どゆれは小さくなり、ゆれはじめも遅くなりました。

　また、地震が発生すると、はじめにカタカタと小さなゆ
れ(P波)が伝わり、その後グラグラと本格的な大きなゆ
れ(S波)が来ます。震源に近い場所では、P波が到達し
てからすぐにS波が到達します。このように、震源の近く
では、ゆれが強いだけでなく、ゆれを感じてから本格的
なゆれがはじまるまでの時間が短いため、身を守るため
の行動をとることが難しくなります。

地盤とゆれやすさの関係

　私たちの生活の舞台である大地は、山地や丘陵、台地、
低地などさまざまな地形で構成されています。これらは、
地殻変動や火山活動などの影響を受けたり、風雨や流水
でけずられた土砂がたまったりしながら、長い時間をかけ
て形成されてきました。そのため、地盤は場所ごとに大
きく異なっており、地震のときのゆれ方も異なります。

　例えば、山地の多くはかたい岩盤でできています。丘
陵や台地も形成されてから時間がたって地盤がおおむね
かたくなっているので、比較的ゆれにくい土地です。そ
れに対して低地は、形成されてからまもないため、地盤
が比較的やわらかいという特徴があります。低地のなか
でも河川の中下流部や海の近くでは地盤がとくに軟弱で、
ゆれやすくなっています。干拓地や埋立地も、ごく最近
まで海や湖沼であったため、やはりゆれやすい土地です。

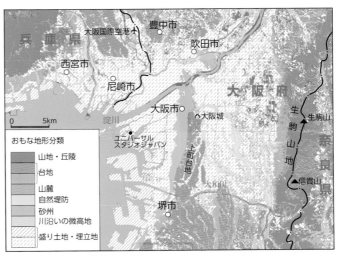

▲大阪平野周辺の土地の条件〈国土地理院「土地条件図」より作成〉

おもな地形分類

- 山地・丘陵
- 台地
- 山麓
- 自然堤防
- 砂州
- 川沿いの微高地
- 盛り土地・埋立地

そのような自分の住む地域の土地の条件は、国土地理院
が発行している土地条件図から読みとることができます。
上の図で大阪城付近をみると、台地の北や東西に低地(盛
り土地・埋立地など)が広がっているようすが分かります。

　地震のゆれは、地震自体の規模が大きいほど、また震
源に近いほど強くなります。しかし、最終的にその土地
がどのくらい強くゆれるかは、こうした土地条件にも大き
く左右されます。例えば、2011年の東日本大震災の際、
栃木県宇都宮市では平野部の鬼怒川近くで震度6強のゆ
れに見舞われたのに対し、同じ県内でも日光市などの山
間部では震度5弱や4でした。居住に適した平野や盆地
が限られる日本においては、ゆれやすい土地に人が住ま
うことは避けられない側面がありますが、こうした危険が
あることを認識しておくことが大切です。

基礎

マグニチュードと震度

　地震の規模やゆれの程度を表現するときには、「マグニチュード」と「震度」という
言葉が使われる。マグニチュード(M)は、地震そのものの規模を表す。マグニチュー
ドが1大きくなると、エネルギーとしては約32倍になる。例えば、2011年東北地方
太平洋沖地震のマグニチュードは9.0で、2016年熊本地震の本震のおよそ1000倍の
エネルギーが放出された。一方、震度はその土地ごとのゆれの程度を表す尺度で、
場所によって値は変わる。最大7・最小0の10段階で表現する(震度5・6にはそれ
ぞれ強・弱がある)。例えば、2016年熊本地震に伴っては、熊本県で最大震度7や6強、
6弱を記録し立っていられないほど強くゆれた一方、遠く離れた近畿地方における
震度はおもに3や2で、物がカタカタ音を立てる程度だった。

※震源は一つ。エネルギーの大きさを
マグニチュードで表す。

▲マグニチュードと震度(模式図)

ここも見てみよう | 直下型地震➡ p.16−19、海溝型地震➡ p.20−21、P波・S波➡ p.39、60用、台地・低地・震度➡ p.59用

直下型地震が発生するしくみ

▲新潟県中越地震によって崩落した国道117号線（新潟県 小千谷市 2004年10月）

直下型地震はどうして起こるのか

　地震は、発生する場所や特徴の違いからおもに直下型地震と海溝型地震に分けられますが、2004年新潟県中越地震や2016年熊本地震は、典型的な直下型地震でした。とくに震源の近くでは、強い ゆれ が町を襲い、多くの建物が倒壊したり、道路が崩壊して通行不能となったりする被害が生じました。これは、地下で断層がずれ動いた結果です。

　断層とは、岩盤や地層のなかにあるずれた面のことを指します。日本列島はプレート境界の近くに位置するた

め、プレート運動の影響を受けてふだんから大きな圧力がかかっています。その結果、岩盤に徐々に ひずみ がたまっていき、耐えきれなくなったときにかたい岩盤がこわれて、たがいに くい違うように動きます。これが断層です。断層の大部分は、ふだんはかみ合ってじっとしていますが、ずれるときには短時間で一気にずれます。その結果が直下型地震ということです。

　日本列島には複数のプレートが近づいて複雑に力がかかっているため、断層の両側から圧縮する力で縦にずれたり（逆断層）、両側に引っぱられる力でずれたり（正断層）、横にすれ違うようにずれたり（横ずれ断層）します。

直下型地震のメカニズム （両側から圧力がかかって断層がずれる逆断層の場合）

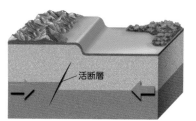

断層に圧力がかかり、ひずみがたまっていく。

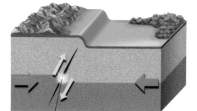

ひずみが限界に達し、断層がずれ動くと地震が発生する。

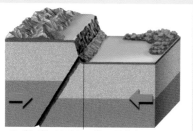

ひずみがなくなるまでずれて静止する。断層が地表に姿を現すところもある。

▲ 正断層（熊本県 西原村 2016年4月）
〈東北大学災害科学国際研究所災害理学研究部門 遠田晋次教授 撮影〉

▲ 横ずれ断層
（熊本県 益城町 2016年4月）

基礎

直下型地震の特徴

　断層がずれることによって発生する直下型地震の規模は、最大でもマグニチュード7～8クラスであり、同じく8～9クラスに達することがある海溝型地震と比べ、ひとまわり小さいことが知られています。しかし、直下の浅いところで発生するため、真上にあたる地域は激しい ゆれ に襲われます。マグニチュード7.3を記録した1995年兵庫県南部地震では、震源域の真上にあたる淡路島から兵庫県神戸市付近にかけて、震度7を記録する激しい ゆれ となりました。同じくマグニチュード7.3を記録した2016年熊本地震の際にも、やはり震源域の真上にあたる熊本県益城町や西原村において震度7が観測されています。断層沿いで地面がずれたところでは、建物が破壊され、田畑や道路がずれる被害が生じました。

　このように、直下型地震の場合、激しい ゆれ が襲い、断層沿いでは地面がずれて大きな被害が発生します。直前予知も現状では難しく、震源に近い地域では緊急地震速報もまにあいません。私たちはいつ地震にあっても身を守れるようにしておかなければならないのです。

　なお、直下型地震の場合でも、海底下の断層が動いて海底面がずれた場合には海面が変動し、津波が発生します。例えば、1945年三河地震の震源域の南部は三河湾内にあり、小規模ながら津波が観測されました。

余震のしくみと危険性

　大きな地震が発生すると、そのあとに地震が続発する。それぞれ本震、余震とよばれる。余震は、本震によって地下の断層がずれ動いた結果、本震時にずれ残った部分で、あるいは本震でずれた断層の周囲に力が加わって、地震が起こりやすい状態になるために発生する。余震活動は徐々に低下するが、本震で地盤がゆるんだ状況下では大きな脅威となり、救助活動や避難生活にも大きく影響する。断層のずれ方や地下の岩盤の状況によっては、2004年新潟県中越地震や2016年熊本地震のように、余震が長引くこともある。また、熊本地震のように、前震とよばれる大きめの地震が本震の前に起こることもある。気象庁は熊本地震を受けて、大地震の直後には余震という言葉を使わない方針を決めた。前震となったはじめの大きな地震のあと、余震という言葉で注意をよびかけていたが、このことが住民の油断を招き、その後発生した本震による被害の拡大につながったためである。

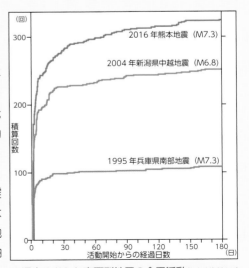

▲過去のおもな直下型地震の余震活動〈気象庁資料より〉

（縦軸）積算回数
（横軸）活動開始からの経過日数（日）
2016年熊本地震（M7.3）
2004年新潟県中越地震（M6.8）
1995年兵庫県南部地震（M7.3）

ここも見てみよう　兵庫県南部地震（阪神・淡路大震災）➡ p.28－33、熊本地震➡ p.24－26、断層➡ p.60用、津波➡2巻

直下型地震を引き起こす活断層

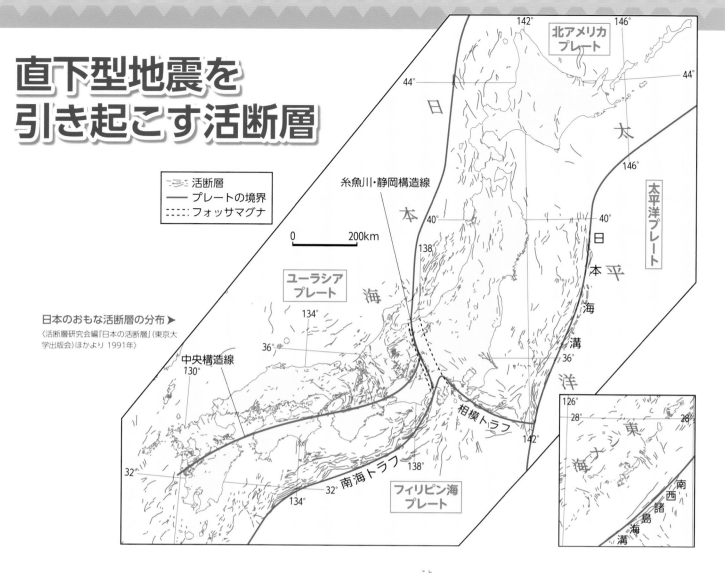

日本のおもな活断層の分布 ▶
〈活断層研究会編『日本の活断層』(東京大学出版会)ほかより 1991年〉

凡例:
- 活断層
- プレートの境界
- フォッサマグナ

地図中の記号:
北アメリカプレート
太平洋プレート
ユーラシアプレート
フィリピン海プレート
糸魚川・静岡構造線
中央構造線
相模トラフ
南海トラフ
日本海溝
南西諸島海溝
東シナ海
日本海
太平洋
0　200km

活断層とは

　地震はこれまで同じような場所でくり返し発生してきました。いったいなぜなのでしょうか。

　ある断層を境として、岩盤や地層がずれるとします。すると、その周囲の岩盤や地層がくだけてもろくなり、その断層は一層ずれやすくなります。決まった断層がくり返してずれ動くのはこのためです。その結果、同じ場所で何度も地震が起こることになります。

　断層のなかでも、とくに数十万年前以降に活動をくり返し、今後も活動すると推定される断層を、活断層とよんでいます。日本列島には約2000の活断層が存在するといわれ、直下型地震をくり返し発生させてきました。それぞれの活断層はおおむね数百～数千年に1度のペースで地震を発生させると推定されており、活動の間隔はそ

れぞれで異なります。活断層は、長くのびているものほど大きな地震を引き起こします。また1回でずれる量が大きいほど地震も大きくなります。上の地図に示されるような活断層について、長い時間をかけてつくられてきた地形や地層、古文書、考古遺跡に残された過去の地震の記録を丹念に読み解くことによって、どのくらいの活動間隔でどのくらいの規模の地震を引き起こす可能性があるのか調査されています。

ひびだらけの日本列島

　日本有数の活断層として、中部日本を南北に縦断する糸魚川－静岡構造線断層帯や、近畿から四国を横断する中央構造線断層帯が挙げられます。これらは、複数の活断層が集まって形づくられた長い活断層の帯です。

　活断層は、北海道から沖縄まで日本各地に存在します

が、その数には地域差があり、とくに中部地方から近畿地方にかけては多くなっています。人口が集中する大阪の直下には上町断層帯、名古屋の近くには猿投－高浜断層帯などがあります。首都圏にも立川断層帯などがあり、大都市の真下で直下型地震が起こる可能性があります。

また、活断層のずれ方も地域によって異なります。日本列島にはおもに、プレート運動の影響で東西方向に圧縮される力がはたらいているため、片側がのし上がる逆断層や、水平方向にすれ違うようにずれる横ずれ断層が中心です。しかし、九州中部では北と南に引っぱり合う力もはたらいているため、片側がずり下がる正断層もみられます。

生活の近くにひそむ活断層

私たちのまわりには、流水でけずられた崖や、波で砂が打ち上げられてできた高まりなど、さまざまな はたらきによってつくられた地形があります。そのなかで、尾根が直線的に切り落とされたようになっているなど、地下に活断層がないと説明できないような地形がみられることがあります。活断層の存在やずれ方、長さなどは、このような特徴的な地形を調べることで明らかにされているのです。また、厚い堆積層の下にあるなどの理由で地形に現れにくい活断層もあり、地下のようすを探る調査も行われています。活断層が知られていない場所でも被害が発生するような地震が起こることもあるので、注意が必要です。

大都市直下に活断層がある——これは決して偶然ではありません。私たちはおもに平野や盆地に町をつくります。田畑となる広い平地や、物資を運ぶ舟が行き来できる河

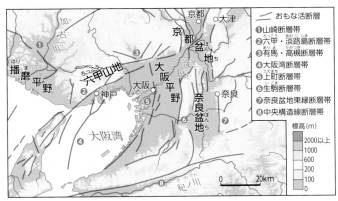

▲京阪神の地形と活断層〈産業技術総合研究所「活断層データベース」ほか〉

	おもな活断層
①	山崎断層帯
②	六甲・淡路島断層帯
③	有馬・高槻断層帯
④	大阪湾断層帯
⑤	上町断層帯
⑥	生駒断層帯
⑦	奈良盆地東縁断層帯
⑧	中央構造線断層帯

川など、さまざまな恵みがあるためです。しかし、こうした平野や盆地の形成に活断層が関わってきた場所もあります。大都市である大阪や名古屋が立地する、大阪平野や濃尾平野がその代表例です。大阪平野は生駒断層や六甲断層などが、濃尾平野は養老断層などがくり返しずれ動いたことが、平野の形成の一つの要因となりました。上の図では、活断層が平野と山地の境目に分布していることが分かります。

私たちは水害対策などの面から、平野や盆地のなかでも少し高くなっている台地に町をつくることもあります。しかし、大阪の上町台地のように、その台地が活断層によって盛り上がってできたケースもあります。また、横ずれ断層がつくる直線的な谷や峠に沿って、古くは街道が通り、現在は高速道路が整備されている例もあります。

このように、活断層は、私たちの生活の舞台を整える一方で、ときとして地震を引き起こし、大打撃を与えることもあるのです。

基礎

世界の活断層

日本は世界的にみても活断層の密集する地域だが、世界をみわたすと、活断層が多く発達する地域がいくつかある。例えばアメリカ西海岸である。ここにはサンアンドレアス断層とよばれる長大な横ずれ断層が1000km以上にわたって北西－南東走向にはしっており、1906年サンフランシスコ大地震をはじめ、大きな地震を複数発生させてきた。この断層はプレート境界断層として位置づけられている。アメリカ西海岸以外にも、イタリアやトルコ、ニュージーランド、中国、ネパールなど、世界各地に活断層があり、地震を引き起こしている。2023年に発生し、5万人以上の犠牲者を出したトルコ・シリア地震も、東アナトリア断層などの活断層によるものであった。

▲サンアンドレアス断層（アメリカ合衆国）

で「太平洋プレート」「北アメリカプレート」

ここも見てみよう　糸魚川－静岡構造線➡ p.12、59用、大都市の地震災害➡ p.50－57、
世界のおもな地震、トルコ・シリア地震➡ p.6－7、36－37

海溝型地震が発生するしくみ

▲海溝型地震による津波の被害を受けた町（宮城県 気仙沼市 2011年3月）

海溝型地震はどうして起こるのか

マグニチュード9.0を記録した2011年東北地方太平洋沖地震（東日本大震災）では、おもに津波によって沿岸部の広い範囲に甚大な被害が生じ、世界にも衝撃を与えました。この地震は東北地方の東方の沖合いにある日本海溝で起こった海溝型地震でした。

海溝付近においては、海洋プレートが大陸プレートを徐々に引きずり込み、ひずみ が蓄積していきます。そのひずみ が一定以上に達すると、プレート境界付近の断層がずれて大陸プレートがもとに戻るようにはね上がります。これが海溝型地震の正体です。

海溝型地震は、マグニチュード8〜9クラスの大きな規模となることが多く、直下型地震と比べて広い範囲に

海溝型地震のメカニズム

海洋プレートが大陸プレートの
下に沈み込む。

大陸プレートは、海洋プレートに徐々に
引きずりこまれ、ひずみがたまる。

津波の発生

ひずみが限界に達し、大陸プレートが
はね上がると地震が発生する。

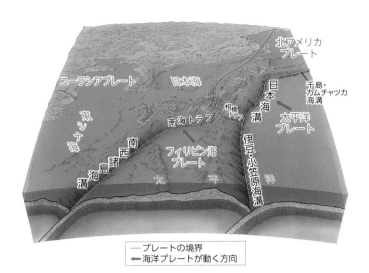

▲日本列島周辺のプレートと海溝・トラフ

凡例（図中）
・・・・・プレートの境界
← 海洋プレートが動く方向

ゆれ をもたらします。また、数十～数百年に1度と、直下型地震よりも短い間隔で発生することが知られています。さらに、海底面にずれが生じるため、海面が変動して、津波が発生します。海溝に近い沿岸部では地面が隆起したり沈降したりすることもあります。

東日本大震災では、東北地方から関東地方にかけての広い範囲で、震度6強や6弱などの強い ゆれ を観測しました。一部の地域では震度7を記録しています。また、発生した津波は非常に大きく、仙台平野などの平野部を広く浸水させ、三陸海岸などの湾の奥では高い場所まで押し寄せ、被害を拡大させました。このように、海溝型地震は広い範囲に影響をもたらし、さらに津波が沿岸を襲うため注意が必要です。

海溝型地震が同じ場所で発生する間隔は、直下型地震より短いといっても、人の一生よりも長いことが一般的です。また、直下型地震と同じく直前予知も難しいのが現状です。そのため、前回の地震や津波の教訓を地域で受け継ぎ、防災対策に生かしていくことが求められます。

地震を起こす日本周辺の海溝・トラフ

海洋プレートが大陸プレートの下に沈み込む場所では海底に深い溝ができますが、水深6000m以上の深いところを海溝、それより浅く沈み込みがゆるやかなところをトラフとよんでいます。

日本列島の太平洋側には、北方から、千島・カムチャツカ海溝、日本海溝、伊豆・小笠原海溝が南方へとつらなり、房総半島沖から南西へは、相模トラフ、南海トラフ、そして南西諸島海溝が連続しています。プレートが沈み込むこれらの場所の多くで、過去に地震がくり返し発生してきました。例えば、日本海溝では東北地方太平洋沖地震が発生しましたし、千島・カムチャツカ海溝では十勝沖地震が、相模トラフでは関東大震災をもたらした関東地震が、また南海トラフにおいては南海トラフ地震と総称される地震がそれぞれくり返し発生しています。

南海トラフ地震は、日本の中枢ともいえる東京～大阪一帯に甚大な被害をもたらすとされています。約100～150年に1度のペースで発生しており、最後の地震は1944年昭和東南海地震および1946年昭和南海地震でした。そのため、南海トラフ巨大地震は比較的せまっていると考えられ、対策が急がれています。もちろん、他の海溝やトラフについても備えを進める必要があります。

もともと島だった伊豆半島

伊豆半島は元来、伊豆・小笠原海溝におけるプレートの沈み込みに伴って、現在の日本列島よりはるか南方でできた島であった。それがプレートの動きによって長い時間をかけて北上し、日本列島に衝突して、現在の地形ができたと考えられている。伊豆半島の東側では相模トラフ、西側では駿河トラフにおいて、伊豆半島を乗せるフィリピン海プレートが北アメリカプレートやユーラシアプレートの下に沈み込んでいる。そしてちょうどその境界部に、日本最高峰、富士山がそびえている。富士山の形成には、伊豆半島の衝突やプレートの沈み込みが深く関連していると考えることができる。

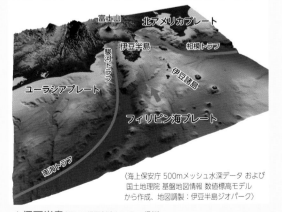

〈海上保安庁 500mメッシュ水深データ および
国土地理院 基盤地図情報 数値標高モデル
から作成、地図調製：伊豆半島ジオパーク〉

▲伊豆半島〈美しい伊豆創造センター 提供〉

ここも見てみよう　津波➡2巻、東日本大震災➡2巻 p.14-27、関東大震災➡ p.34-35、南海トラフ（巨大）地震➡2巻 p.28-33、大陸プレート・海洋プレート・断層・隆起・沈降・震度➡ p.59-60用

地震によるさまざまな被害

人々の生活を大きく変える地震災害

大きな地震が発生すると、断層の ずれ や地殻変動、強いゆれ によって、建物の倒壊や火災、地盤災害などさまざまな被害が発生します。大きな津波が沿岸部を襲うこともあります。一度に多くの人命が失われるほか、住む家やこれまでの生活を失う、耕作地や工場が被害を受けるなど、被災者は地震後も長期にわたって社会的・経済的なダメージを背負うことになります。どのような地震がどこで起こりうるのか、きちんと知り、正しく備える必要があります。

また、地震による被害は、発生する時間帯や季節によって大きく変わってきます。夜間に発生すれば暗やみのなかでの避難や救助活動を強いられ、一層危険ですし、食事の時間帯は多くの家庭や飲食店で火を使用しているため、火災が多発します。冬季であれば暖房器具の使用が火災につながり、寒いなかで救助を待つ間に体力が低下する事態も起こります。地震が場所や状況によってどのような被害をもたらすのか、みていきましょう。

断層の ずれ や地殻変動による被害

活断層がずれた場合、真上の建物は倒壊を避けられない。地下の水道設備も破損し、断水などの被害が生じる。海溝型地震の場合、広い範囲で地面が盛り上がったり沈んだりするため、海溝に近い沿岸部では港の施設が使えなくなるなどの影響を受けることがある。地面が沈んだ場合には沿岸部で浸水被害も発生する。

◀野島断層のずれにより被害を受けた家の塀（1995年阪神・淡路大震災、兵庫県 淡路市）

建物の倒壊と地震火災

地震の規模が大きいほど、また震源域に近いほど、ゆれは強くなり、多くの建物が倒壊する。地盤の かたさ や建物の築年代・耐震性も被害の大小を左右する。また、建物の倒壊件数が多いほど出火件数が増える。冬であれば暖房器具を使っているため、また食事の時間帯であれば調理器具を使っているため、なおさらである。乾燥した風の強い日であれば周囲に燃え広がりやすくなる。

▲ 倒壊したビル（1995年阪神・淡路大震災、兵庫県 神戸市）

液状化

強い ゆれ に襲われたとき、地盤が砂を含む水のような状態に変化することを液状化という。液状化が発生すると、噴砂や地盤沈下などが起きて、建物がかたむくなどの被害を引き起こす。浮力によってマンホールが抜け上がることもある。地盤が砂質で地下水位が高い低地や埋立地などで発生しやすい。

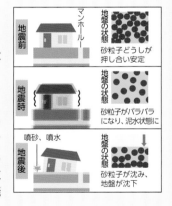

▲液状化のしくみ（上）と液状化で埋もれた車（下）
（2011年東日本大震災、千葉県 浦安市）

土砂災害

斜面崩壊

　強いゆれ によって斜面が崩壊し、下方へと流れることがある。表層の土のみが崩壊する表層崩壊と、より深部の岩盤もろとも崩壊する深層崩壊の2種類がある。地すべりは深層崩壊の一種だが、斜面崩壊全般を指す場合もある。降雨や雪どけと重なると発生しやすくなる。道路や鉄道を遮断し、孤立集落を発生させることもある。一般に傾斜が急な土地で起こりやすい。

▲地すべり(2018年北海道胆振東部地震、北海道 厚真町)

造成地の地盤災害

　山を切り崩したり(切り土)、土を盛って谷を埋めたり(盛り土)して整備された造成地では、強いゆれ に襲われると、盛り土した部分や、切り土と盛り土の境界部で地盤沈下や地割れが多く発生し、真上の建物に被害を与える。都市の周囲では、こうした造成地に住宅が立地することも多く、地震防災上、大きな課題となっている。

切り土　地盤　盛り土

▲土砂崩れが発生した造成地(1995年阪神・淡路大震災、兵庫県 西宮市)

津波と津波火災

　おもに海溝型地震に伴って発生するが、直下型地震でも震源が海底であれば発生する。津波は地震の規模が大きいほど波が高く、また震源域に近いほど到達が早いので、被害も拡大する。沿岸部の地形も津波の浸水範囲や高さを左右する。津波の破壊力はすさまじく、人や建物を押し流してしまう。漂流物に含まれるガソリンやガスが発火して、津波火災を引き起こすこともある。

▲津波火災(2011年東日本大震災、福島県 いわき市)

二次災害

　地震による被害は、断層の ずれ や地殻変動、強いゆれ による直接的な打撃にとどまらない。交通網や通信網、また電気などのライフラインが遮断されれば、住民の避難や、救助・救援・物資の輸送などの緊急対応が遅れ、被害の拡大につながる。また、その後の生活も不便になる。2011年の東日本大震災の際には、福島第一原子力発電所から放射性物質が放出され、環境汚染や居住制限などの問題が生じた。その影響は甚大であり、長期にわたることが必至である。

▲被災した福島第一原子力発電所
(2011年東日本大震災、福島県 大熊町)

ここも見てみよう　阪神・淡路大震災➡ p.28−33、液状化➡ p.54、北海道胆振東部地震➡ p.27、東日本大震災➡ 2巻 p.14−27、
福島第一原子力発電所の事故➡ 2巻 p.17

事例1 熊本地震
活断層による地震

▲倒壊したかわら屋根の家と捜索隊（熊本県益城町2016年4月15日）

2度の大きな地震

2016年4月14日午後9時26分、熊本県でマグニチュード6.5の地震が発生しました。益城町で震度7を観測するなど、経験したことのない強いゆれに襲われ、住民は一瞬にして恐怖につつまれました。夜に発生したため救助活動は暗やみのなかで行われ、難航しました。

この地震は当初、本震と受け止められました。しかし、この地震が引き金となって、その約28時間後の4月16日午前1時25分、マグニチュード7.3の本震が発生し、益城町や西原村で震度7を記録しました。14日と同じく夜の発生でした。その後も余震が多く発生しています。

「2016年熊本地震」はこれらの地震の総称で、14日の地震を前震とみなす考えもあります。死者は50人を数え、災害関連死を含めると200人を超えています。

熊本地震は、布田川－日奈久断層帯の中部～北東部が活動して発生した典型的な直下型地震です。この断層帯は日本列島でも有数の活断層の一つで、地震前から調査が行われ、将来の地震発生が心配されていました。14日

の地震では、この断層帯の中部に沿って地表面がわずかにずれました。16日の地震のときのずれは大きく、最大で2mの横ずれが地表に現れました。ずれの長さは31kmに

▲熊本地震の本震の震源と活断層（気象庁資料、地震本部資料より作成）

▲大規模な斜面崩壊により崩落した阿蘇大橋(熊本県 南阿蘇村 2016年4月16日)　　　　　▲被災した熊本城(熊本市2016年4月15日)

も及んでいます。その真上の建物はすべて破壊され、耕作地も大きな被害を受けています。西原村では、農業用ため池の堤防が断層のずれによってこわれました。南阿蘇村では、断層のすぐ近くで大規模な斜面崩壊が起こり、阿蘇大橋が崩落しました。それにより貴重な人命が奪われ、また一時は1000人近くの人が孤立しました。

地震活動は、阿蘇山の北東の、活断層が多数発達する大分県でも活発化しています。また、今回の地震ではずれなかった布田川−日奈久断層帯の南西部は、この地震に誘発されて、近い将来に地震が発生する可能性が高まっているともいわれています。

強いゆれによる被害

2016年熊本地震の最大の特徴は、強いゆれが2度くり返した点にあります。益城町のように震度7を2度観測した地域もありました。こうした地域では、1度目の地震でもちこたえた建物が2度目の地震で倒壊するなど、被害が拡大しました。14日の地震の影響で避難先にいたため、16日の地震の際には自宅におらず、難をまぬがれた住民もいたようです。その一方で、14日の地震後まもなく自宅に戻り、16日の地震で命を落としてしまった住民もいました。

熊本のシンボルとなってきた熊本城は、かわらの落下や石垣の崩壊など大きな被害を受けています。阿蘇神社でも、国指定重要文化財の楼門が倒壊するなどの被害が出ています。また、九州新幹線では、1度目の地震によっ

て回送中の車両が脱線しました。九州新幹線のほか在来線も一部区間が不通となり、九州自動車道や主要な道路が通行止めとなったため、救助活動や救援活動にも影響が出ました。熊本空港もターミナルビルの天井が落下するなどの被害を受け、一時閉鎖となっています。そのほか、低地では液状化も多数発生しました。

建物の倒壊は、活断層の近くや地盤の軟弱な地域に集中しています。築年代が古く、十分な耐震性を備えていない建物も多くありました。益城町などでは、重いかわら屋根の木造住宅が屋根に押しつぶされるように倒壊して

 体験者の声 **地震の「音」の恐怖**

14日の夜、塾にいた娘を車で迎えに行ったときだった。今まで経験したこともないような強いゆれに襲われ、乗っていた車は宙に浮き上がった。まわりの建物からは人がどっと飛び出してきた。

益城町の自宅は、1度目の地震で壁じゅうにひびが入り、2度目の地震でかたむいた。家族を妻の実家にあずけ、1人自宅前での車中泊が続いた。電気がとまって静まりかえった町では、地震が来るたびに「ゴゴゴ…」と地鳴りの音が鮮明に聞こえ、とにかくおそろしかった。熊本では、「もし地震が起こったらこわい(大きい)」といわれてはいたが、まさか自分が体験するなど考えもしなかった。　　　　　(益城町　男性)

ここも見てみよう　余震➡ p.17、活断層➡ p.18−19、災害関連死➡ p.59用、斜面崩壊➡ p.23、液状化➡ p.22、54、耐震➡ p.40−41

事例

▲校庭に いす で書かれた物資不足をうったえるメッセージ
（熊本県 熊本市 熊本国府高等学校 2016年4月17日）

▲自家用車での避難生活（熊本県 益城町 2016年4月20日）

いるようすもみられました。耐震性よりも、伝統的な様式の家に住むことを重んじる地域性もあったようです。一方で、比較的新しい建物も一部が倒壊しており、強いゆれが2度くり返した場合でも耐えられるかなど、建築基準のあり方に課題を投げかけています。

熊本地震の教訓

熊本県においては、マグニチュード6.3を記録した1889年熊本地震以降、めだった地震は起こっていませんでした。しかし、活断層が多く分布する、決して油断できない地域でした。今回のような地震が起こりうることを知らなかった住民や、知っていても対策をとらなかった住民も多くいたようです。今回の経験を後世に引き継ぐべく、断層のずれを保存する取り組みも地震後まもなくはじまりました。

この地震に伴っては、宇土市など震源域にあるいくつかの市町村で役場の建物が損壊して使用できなくなりました。災害対応の拠点となる役場や、学校、病院などの建物が十分な耐震性を有するか、あらためて見直す必要があります。住宅などほかの建物についても、耐震性の向上が求められます。

地震後の救援活動や避難生活、生活再建についても、多くの課題が浮きぼりになりました。全国各地から集まった支援物資は、道路や鉄道の混乱や人手不足のため、地震直後には効果的に配布されませんでした。自宅が被害を受けたこと、またプライバシーや防犯の観点から、自家用車で避難生活を送る住民や、家の車庫や庭に設置したテントで生活する軒先避難者も多くみられました。しかし、2004年新潟県中越地震の際にも指摘されたように、十分な水分をとれず、狭い空間で長時間同じ姿勢を取り続けることによってエコノミークラス症候群を発症するおそれがあるなど、多くの課題が残されています。インターネットなどで情報を得られる人とそうでない人との間に格差が生まれるなどの災害弱者の問題も解決されていません。

熊本地震では、活断層沿いできわめて強くゆれ、またそれが1度でなく2度襲う可能性があることがあらためて認識されました。日本列島には約2000の活断層があるといわれています。活断層の存在をいま一度見直し、今回の地震を教訓として、正しく知り正しく備える必要があります。また、夜に地震が発生した場合の救助活動や避難生活のあり方など、熊本地震はさまざまな教訓と課題を私たちに残しています。

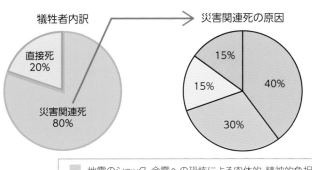

犠牲者内訳

直接死
20%

災害関連死
80%

災害関連死の原因

40%

30%

15%

15%

　地震のショック、余震への恐怖による肉体的・精神的負担
　避難生活などによる肉体的・精神的負担
　医療機関の機能停止などによる初期治療の遅れ
　その他

▲熊本地震の犠牲者内訳と災害関連死の原因

北海道胆振東部地震による被害

2018年9月6日の午前3時7分、北海道胆振地方中東部において、マグニチュード6.7の地震が発生した。震源に近い厚真町で震度7のゆれを、安平町ととむかわ町で震度6強のゆれをそれぞれ観測したほか、震源域から50km以上離れた札幌市東区でも震度6弱を記録するなど、強いゆれは広範囲にわたった。

この地震は、海溝型地震ではなく陸側のプレート内で発生した地震だった。しかし、震源の深さは約35kmで、陸側のプレート内で発生する地震としては深く、そのような深さでなぜ地震が発生したのか、検討が続けられている。

地震によって、震源域を中心に、多数の斜面崩壊が発生した。北海道の南西部には活火山が数多く分布する。そのため、山地や丘陵、台地には、火山灰や軽石などの火山噴出物が降り積もって厚く堆積している。こうした堆積物が、強いゆれによって同時多発的に崩れ落ちた。40人を超える犠牲者の多くは、斜面崩壊によって亡くなった。

震度5弱を記録した札幌市清田区では、丘陵を造成して整備された住宅地において、地盤の亀裂や変形などが発生し、家屋や道路などが被害を受けた。液状化が発生した地点もあり、噴砂や地盤沈下などが確認されている。これらの現象は、切り土や盛り土を行って丘陵を造成した際に、盛り土によって谷を埋めた範囲で発生したことが、古い地形図から明らかになった。こうした場所ではゆれによる地盤災害が起きやすく、震度5弱程度のゆれでも場所によっては被害が生じることがわかる。

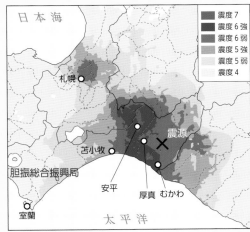
▲北海道胆振東部地震の震源と震度分布
（気象庁資料より作成）

日本では、都市化の進行に伴って、大規模な宅地造成が各地で行われてきた。そのため、同じようなリスクを抱える場所が多くある。大規模盛り土造成地の分布を示すマップの作成と公開が進められ、対策をどのように行うか、検討が続けられている。

地震発生から約18分後の午前3時25分、北海道全域に及ぶ大規模停電、いわゆる「ブラックアウト」が発生した。震源域にある苫東厚真発電所（石炭火力）が地震の影響によって発電を停止したことに加え、送電線事故など、複合的な要因で発生したことが指摘されている。ブラックアウト発生からおおむね全域に電力を供給できるようになるまで、約45時間かかり、交通や物流の停止、情報通信の停止、医療機器への影響、工場の稼働停止など、広い範囲にさまざまな影響を与えた。この地震の発生は9月だったが、冬期に停電になれば、暖房器具が使用できなくなり、厳しい寒さに襲われる。電気やガス、水道などのライフラインが現代の生活を支えていることに、あらためて目を向ける必要がある。

札幌市のように、ビジネスや観光などで訪問者の多い地域では、交通が復旧するまで訪問者が利用できる避難所が必要となる。この地震では、公共施設などが避難所として活用された。避難所に関する情報をどのように伝えるか、また多言語への対応についても検証が行われている。

▲ブラックアウトしたすすきのの中心部
（北海道 札幌市 2018年9月6日）

ここも見てみよう　斜面崩壊・造成地の地盤災害➡ p.23、活火山➡ 3巻 p.8、液状化➡ p.22、54、
エコノミークラス症候群・災害関連死・ブラックアウト・ライフライン・復旧・避難所➡ p.59-60用

事例

27

阪神・淡路大震災

事例2 大都市を襲った直下型地震

▲地震発生後にあちこちで火の手があがる神戸市街（1995年1月17日）

「安全神話の崩壊」

　1995年1月17日の午前5時46分、淡路島北部の兵庫県北淡町（現淡路市）から神戸市・芦屋市・西宮市にかけ

＊「震災の帯」の下にも活断層があることが地震後の調査で判明している

▲兵庫県南部地震の震源と「震災の帯」〈地震本部「日本の活断層」より〉

て の地域を激しい地震が襲いました。夜明け前だったために多くの人々は通勤や通学の前で、まだ自宅にいました。

　安心して眠っていたなかで、いきなりすさまじいゆれに襲われる状況を想像してみてください。数十万の人々が身構えるまもないまま、転倒した家具や倒壊した建物の下敷きになって身動きできなくなり、多くの人が命を落としました。地震による直接の犠牲者は5512人で、そのうち約9割は圧死や打撲で亡くなり、しかもその9割は即死だったとされています。災害関連死を含めた犠牲者は6434人にのぼりました。人口が集中する大都市を地震が直撃することのおそろしさに、日本中が衝撃を受けました。気象庁はこの地震を「平成7（1995）年兵庫県南部地震」と命名し、政府はそれによって引き起こされた災害を「阪神・淡路大震災」とよんでいます。

　阪神・淡路大震災が起きる前、「関西には地震が来ない」と地元ではいわれていたそうです。歴史をひも解けば誤解であることは明らかですが、1970年代後半から東海地震などほかの地域の地震の危険性が強調されすぎたため、

その反動で関西には誤った認識が広がっていたのでしょう。耐震化も進み、日本の都市は地震にも強いという思い込みもありました。そのため、一瞬にして町が壊滅した光景を目のあたりにした人々は、「安全神話の崩壊」という思いを強くしました。これは、この震災の衝撃をいい表す代表的な言葉になり、多くの教訓を残しました。

地震の要因と被害の特徴

　この地震は、淡路島北部～六甲山地のふもとにのびる活断層が最大2mもずれ動いたことで発生し、地震の規模を示すマグニチュードは7.3でした。こうした大規模な直下型地震は、1943年鳥取地震(M7.2)、1945年三河地震(M6.8)、1948年福井地震(M7.1)など、1940年代には頻発していましたが、国内では福井地震以来47年間起こっていませんでした。戦後の高度経済成長期に大地震が比較的少なかったことは日本にとって幸運でしたが、活断層の存在や直下型地震の危険性に関する警戒が不十分になっていました。

　阪神・淡路大震災では、活断層に近い幅1km程度の範囲が震度7の激震に見舞われ、大きな被害を生じて「震災の帯」とよばれました。そこでは高速道路の橋脚がたおれたり、鉄道の線路が崩れたり、多くのビルが横だおしになったりしました。住宅のほか、役所や学校など公共の建物までもが数多く被災しました。

　建物の倒壊は火災も招きました。神戸市長田区などの建物が密集する地域では、広範囲が延焼しました。また、

▲横だおしになった阪神高速道路(兵庫県 神戸市東灘区 1995年1月17日)

家屋の がれき は道路をふさぎ、緊急車両が通れなくなり、消火や救援活動の障害になりました。緊急物資の輸送や支援活動も困難になりました。

　六甲山地の急傾斜地では、地すべりや崖崩れが住宅地を襲いました。海岸部では激しい ゆれ に伴って地盤の液状化現象が起こり、泥水がふき出しました。神戸港は長期間復旧できなくなり、かつてコンテナ取扱量で世界3位をほこった国際貿易港の地位は他国に奪われてしまい、その後も回復しませんでした。

▲倒壊した建物でふさがれた道路(兵庫県 神戸市灘区 1995年1月22日)

▲こわれた鉄道の高架橋(兵庫県 西宮市 1995年1月25日)

ここも見てみよう　活断層➡p.18−19、神戸市長田区➡p.46−47、液状化➡p.22、54、災害関連死➡p.59用

事例

▲長い行列に並び物資配給を受ける被災者
（兵庫県 西宮市 1995年2月）

事例2　阪神・淡路大震災
被災後の人々の生活

避難生活と震災からの復旧

　地震発生直後、自治体の職員自身が被災し、電話回線などの連絡手段も閉ざされたため、被害情報の把握や伝達が思うように進みませんでした。そのため政府をはじめとするさまざまな機関の対応が遅れ、危機管理体制が問題になりました。

　地元自治体では、混乱が続くなか、職員の懸命な努力

▲空き地に建設された仮設住宅（兵庫県 西宮市 1995年2月）

によって避難所が開設され、被災者支援が徐々にはじまりました。最大で30万人を超える避難者が発生したため、避難所はどこも多くの住民であふれました。被災者の生活空間の確保や支援物資の配給にも困難をきたし、被災者は苦しい避難生活を余儀なくされました。

　そんな状況を救ったのは市民の力でした。全国から137万人ものボランティアがかけつけ、避難所での配給の手伝いや高齢者のケアなどのサポートなどを行いました。彼らの活躍から、1995年は「ボランティア元年」ともよばれており、ボランティアの活動は近年も活発です。

　一方、寸断されていたライフラインの復旧にも、さまざまな困難がありました。病院の緊急医療や復旧活動を支

停電6日 （260万戸）	供給停止84日 （84万5000戸）	断水90日 （127万戸）	不通14日 （19万3000回線）
電気	ガス	水道	電話

（日）縦軸：0, 25, 50, 75, 100

▲ライフラインの被害と復旧にかかった日数〈内閣府資料より作成〉

える電気は復旧が急がれましたが、地中に埋設され、密閉が必要なガスや水道の復旧には約3か月を要しました。

　自宅の再建が難しい被災者のために仮設住宅が建てられ、ピーク時には4万6000世帯が暮らしました。しかしその際、仮設住宅を建てる場所が遠方にしかなく、もとの地域コミュニティと無関係に住宅が割りふられるなどの問題も起こりました。高齢者を優先したため、結果的に多くの高齢者が遠隔地に転居することにもつながりました。子どもの教育やケアのため県外への疎開が必要になることもありました。仮設住宅が解消されたのは、震災から5年後のことでした。

阪神・淡路大震災の教訓

　阪神・淡路大震災は戦後初の、大都市を襲った大震災として、現代の日本社会の防災力が試されたといっても過言ではなく、多くの反省と教訓を残しました。1970年代から注目されてきた東海地震などとは異なる直下型地震の脅威を、人々は目のあたりにしました。活断層の存在もあらためて認識され、地震は日本中どこでも起こると考え、"自分ごと"として備えることが重要であると気づかされたのです。以前は、災害の危険性に関する情報は「混乱を招くため国民に伝える必要はない」と一般に考えられていましたが、この地震をきっかけに情報公開が徹底されるようになりました。そして活断層地図や各種のハザードマップがさかんにつくられるようになりました。

　非常時において、行政機関はしっかり危機管理できな

▲被災地を支えたボランティア（兵庫県 芦屋市 1995年2月）

け

ければならないという考え方も浸透し、その体制づくりが求められました。被災者支援のために、政府と自治体、消防、警察など、さまざまな機関の連携も重視されるようになりました。また、学校や企業などでも防災訓練が行われ、災害マニュアルが整備されるようになりました。

　しかし最大の教訓は、同じような地震がくり返してもこれほど多くの犠牲者を出さないようにするためには、事後の対応以上に、事前の「防災」が重要であるということです。被害を大きくした最大の原因は、住宅の倒壊や家具の転倒でした。古い耐震基準の建物は地震のゆれに対して強度が不十分だったため、震災後は建物の耐震補強に力が注がれるようになりました。耐震診断への補助など、行政による支援策も工夫されていますが、個々の住宅の耐震化は個人の責任で行わなければなりません。命を守るためには、個人の努力（自助）が何より重要なのです。

地震調査研究推進本部の発足

　日本では1970年代以降、地震予知を中心とする地震対策が進められてきたが、阪神・淡路大震災の発生により、すべての地震が予知できるわけではないことが再認識された。また、予知の対象となっている東海地震でさえ科学的な限界があることも明らかになり、地震に関する調査や対策が総合的に見直された。こうした流れのなかで、それまでは各省庁でバラバラに行われてきた地震研究を一本化して推進するため、政府の特別な機関として地震調査研究推進本部（通称、地震本部）が1995年に設置された。

　地震本部は、全国の地震発生の危険性を正しく国民が認識できるよう、地震計を数多く設置して観測網を整備するとともに、全国の活断層調査を行った。それにより各活断層や各海域・地域ごとの地震発生確率が評価され、各地点のゆれやすさを「全国地震動予測地図」として公表している。また、地震本部は、比較的大きな地震が起こると、関係機関の調査結果を取りまとめて、その地震がなぜ起こったか、今後、地震活動がどのように続くかなどに関する見解を発表している。

ここも見てみよう　避難所での生活➡ p.44-45、ハザードマップ➡ p.43、60囲、耐震➡ p.40-41、
避難所・ライフライン・復旧・仮設住宅➡ p.59-60囲

大地震の瞬間とその後の体験

生き埋めの恐怖

　いきなり「ドドン」と、一瞬のうちに我が家は2階が下を押しつぶして全壊。1階で布団を敷いて休んでいた私たち夫婦は、生き埋めになってしまった。コタツと畳の間にわずかな空洞ができて、顔の上に押入れのふすまが覆い被さったおかげで、窒息せずに済んだが動けない。管が外れたのかガスの臭いが漂い、爆発で吹っ飛ぶのではと震えが止まらない。

　「体力を消耗するので、声を出すな」と言われたが、仕事柄、声に自信があるので一生懸命叫んだ。しかし、パトカーや救急車・消防車にヘリコプター・人の声まで、何でもよく聞こえるのに、なぜかこちらの声はまったく外へ届かない。それからは、「命さえあればいい」と、長く苦しい時間をひたすら耐えた。

　極限状態ながらも、「子どもたちだけは助かってほしい」と話し合っていたとき、自力で脱出できた息子の声が外から聞こえた。主人がイチかバチかでコタツを蹴ってみると、息子がその音に気づき、近所の方々も飛び出してきてくれた。声よりも物音の方が、よく響いて外に伝わるらしい。大地震から7時間後、奇跡的に助けていただけた。　　　（神戸市東灘区　女性）

あたたかな毛布

　逃げ遅れた息子たちと、暗闇で声をかけ合いながら公園へ避難すると、すでに人であふれ返っていた。気がつけば、私は裸足のまま。真冬の地面の冷たさに、足踏みをしても耐えられなくなってきたとき、隣にいた人が、ありがたいことに毛布に乗せてくれた。

　親族の安否確認から戻る途中、埋もれた人々が救助を求める声を聞き、がれきをはがしたり声をかけたりした。消防や警察も見当たらず、ラジオのニュースでは「近畿地方に強い地震があり、京都では棚から落ちてきたものでお年寄りが傷を負った」程度の内容しか伝えられていない。「あぁ、自分たちで生き延びるしかないんだな」と感じた。

　幸運にも無事だったのは、「タンスの上に梁が落ち、生存可能な空間ができたこと」「家具すべてを鴨居に金属で固定していたため、転倒しなかったこと」が大きい。　　　（神戸市　男性）

激動の日々

▲高架が崩れ電車は脱線、建物もつぶされた（神戸市灘区 1995年1月17日）

　市職員として、落ちかけの橋をわたり渋滞で回り道をしながら、物資を運んだ。約500人が身を寄せていた避難所に届けられたのは、わずか120食ほどのおにぎり。3人で一つを分けるくらいしかない。「まだか！」と怒鳴られながら配り続けた。自分も空腹の極みだったけれど、それらを口にはできない苦しみがあった。

　ほとんど飲まず・食わず・眠らずに3日間対応を続け、ようやく自宅に戻ることができたが、なかには途中で倒れてしまった職員も。3か月間、朝の9時から翌日の夕方5時まで、32時間勤務体制で対応にあたり、2日に1回、家に帰るといった具合だった。

　大変なのは皆同じ。家族は、水の配給を求めて4時間ほど並び、大行列のコンビニでカップラーメンと飲み物をやっとの思いで買ったとのこと。

　いつもあるものがないことを実感したとき、コップ1杯の水がものすごく大切に感じられた。　　　（西宮市　男性）

大地震を経て、今伝えたいこと

状況を想像してみる

▲倒壊した民家から逃げる住民(神戸市長田区 1995年1月17日)

阪神・淡路大震災は早朝に発生したので、家族はたいてい集合していたと思うが、もし発生時刻が昼間であったなら、バラバラになった家族は会うことができただろうか。神戸の街が活発に活動している時間帯であったなら、高速道路は、新幹線や鉄道の乗客は、どうなっていただろう。食事の時間帯であったなら、何倍もの火災が発生していたかもしれない。もし火災旋風が巨大だったら、延焼が拡大したことだろう。神戸では海水を消火用水として使用したが、これがもし海に面していない都市であったなら…。夏場の避難生活であったなら、伝染病の心配もあり、飲料水の不足が起こったかもしれない。

大きな被害をもたらした阪神・淡路大震災だが、そのときが違えば、さらに大きな被害で私たちを苦しめる結果となったかもしれない。「災害は忘れた頃にやってくる」。いつ、誰のもとに起きるか分からないおそろしさ…人ごとだと思っているあなたに今、襲いかかるかもしれないということを知っておく必要がある。

「備えあれば憂いなし」。日頃から備えるということも忘れないことだ。

(語り部 男性)

事例

検証・訓練が大切

阪神・淡路大震災における救助活動は、自助が70%、共助が20%、公助が10%だったといわれている。大地震直後の10時間くらいは「消防車も、救急車も、救助隊も来ない」という最悪の事態を想定すると、「自助・共助」が非常に大切だ。だからこそ、日頃からできる限りの備えをし、災害に見舞われたときに慌てないようにしておきたい。

そのためにはまず、自宅の耐震強化工事や家具の転倒・落下防止対策をして、自分や家族の安全を確保することから始めるとよいと思う。そして、自分が暮らす地域の地形や環境、ハザードマップを確認しよう。災害の歴史を知ることは、その地域の災害予測にもつながる。避難場所に関しては、知っているだけでは何の役にも立たない。避難場所への最短ルートがふさがっていたときのために、複数のルートを調べ、実際に歩いておきたい。

また、消火器具を部屋に置いているからと満足していないだろうか。消火器具や救助資材はマニュアルなしで誰でも使えるものか、必ず検証しよう。防災訓練で、代表者だけが消火器具の使い

▲消火訓練をする児童たち(神戸市垂水区 2014年)

方を実践している場合があるが、いざというときには、誰が消火活動にあたれるか分からないので、誰もが問題なく使えるように、訓練しておく必要がある。

(語り部/元消防職員 男性)

ここも見てみよう　自助・共助・公助➡p.42-44、耐震➡p.40-41、家具の転倒防止など➡p.42、
ハザードマップ➡p.43、p.60用、避難場所➡p.56-57、p.60用、

〈体験者の声:人と防災未来センター 提供〉

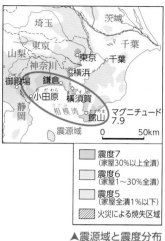

▲震源域と震度分布

マグニチュード7.9
震源域 0 50km

震度7（家屋30%以上全潰）
震度6（家屋1〜30%全潰）
震度5（家屋全潰1%以下）
火災による焼失区域

◀焼け野原となった銀座
（当時の東京市京橋区 1923年）

事例3 関東大震災
大火災に見舞われた首都

首都周辺を襲った地震

　1923年9月1日、関東大震災とよばれる、日本の災害史上最も多くの犠牲者を出した大災害が起こりました。東京や横浜では強い ゆれ により建物が軒並み倒壊したうえ、

体験者の声 ごった返す人々に襲い来る火の手

　荒れ狂う風の方向は少しも定まらず時々四方へ変って行きます。此処こそはと思った此の糧秣厰※の近くにも数ヶ所から火が立ち上がりました。これを見た原中の幾千の人はどよめき始めました。と思う間に息もつけぬ程の強風が砂塵を巻いて黒煙と共に立ち上がりました。あれつむじ風よ！！という間もなく、一同の頭上へ巻いて来て、原のまわりは一面の火となり運び込んだ荷物や人の着物に迄も燃えうつりました。一時にわっとあげる悲鳴…人波のなだれに踏みつぶされる者のうめき声、実に此世ながらの生き地獄です。　　　（東京市本所区 現在の墨田区南部）

※陸軍の食料や軍馬の飼料の倉庫
〈武村雅之『手記で読む関東大震災』（古今書院）より、松本ノブ手記『大正大震災遭難之記』の一部を引用〉

大火が広がり一面が焼け野原と化しました。救援隊とともに横浜へ向かった政府の役人は、「海岸より望見すれば、残存する家屋なし」とその悲惨さを報告しています。

　人口が集まる首都周辺を襲ったこの災害の原因は、相模トラフで発生したマグニチュード7.9の「関東地震」とよばれる海溝型地震で、震源域が内陸の直下にまで広がる最悪のものでした。このため、現在の神奈川県から千葉県にかけて、地盤が軟弱な地域を中心に震度7や震度6強相当の ゆれ を記録し、倒壊した多くの建物から火災が同時多発的に発生しました。また、各地で山崩れが発生し、小田原の根府川では多くの犠牲者を出しました。さらに、津波が相模湾や房総半島の沿岸を襲い、東京や横浜の低地では液状化も多く発生しました。死者・行方不明者はおよそ10万5000人にのぼり、その約9割にあたるおよそ9万2000人は火災が原因でした。

延焼とその要因

　地震が発生したのは土曜日の午前11時58分で、昼食のため多くの人が自宅で火を使っている時間帯でした。このことが134地点にのぼる多数の出火を招きます。そして火はまたたく間に燃え広がりました。当時は木造の建物

も多く、密集して建てられていたためです。また、台風が能登半島付近にあって、強い風が時々刻々と向きを変えながら関東へとふき寄せていたことも火災が広がる一因となりました。その結果、延焼は2日間も続きました。当時、消防体制はすでにありましたが、地震による建物の倒壊や断水のため、一部を除いて機能しませんでした。

現在のJR両国駅のすぐ北にあった広場（被服廠跡地）には、家財道具をもった住民が多数避難していました。しかし、火の手がまわってその家財道具が炎上し、炎がうずまく「火災旋風」も発生して、その場所だけでおよそ4万人が犠牲となっています。一方で、同じように多くの住民が避難した横浜市の横浜公園では、やはり火災旋風が発生して建物が焼け落ちたものの、多くの命が助かりました。横浜は東京に比べて ゆれ が強く、家財道具をもち出せなかったこと、公園の樹木が火の粉を防いだこと、そして水道管が破裂して大きな水たまりができ、火の手を防いだことが幸いしたのです。

江戸の町は、1657年の明暦の大火など、延焼火災をいく度も経験しており、被災後の助け合いの習慣を受け継いでいました。このときも、炊き出しなどの共同作業を行いながら急場をしのぐ「共助」の姿がみられています。

東京と横浜の復興と課題

焼け野原となった東京と横浜を復興すべく、国は「帝都復興計画」を定め、燃えないまちづくりが進められました。現在の上野から銀座、新橋付近をはしる昭和通りはその

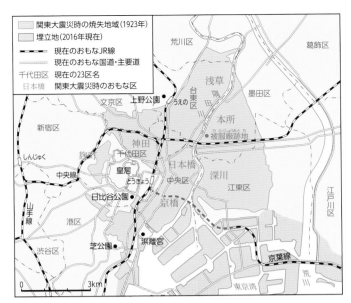

▲東京の延焼範囲

凡例:
- 関東大震災時の焼失地域（1923年）
- 埋立地（2016年現在）
- 現在のおもなJR線
- 現在のおもな国道・主要道
- 千代田区 現在の23区名
- 日本橋 関東大震災時のおもな地名

象徴です。延焼火災を防ぐために整備された幅の広い道路は、現在の道路網の骨格となっています。同じく延焼を防ぎ、避難場所にもなる隅田公園などの公園や、耐震性や耐火性を備えた学校などの公共施設、また永代橋などのインフラも数多く整備されました。現存するものも多く、防災上の機能にとどまらず、すぐれた都市景観を生み出しています。

一方で、郊外には多くの被災者によって簡便な家屋が密集して建てられた地区もあり、現在ではそうした住宅密集地域が防災上の大きな課題となっているほか、高層ビルの増加など都市化が一層進み、新たな問題を抱えています。

災害混乱時のデマ情報のおそろしさ

地震や火災に際しての避難には大きな不安がつきまとう。また、被害が深刻であればあるほど情報は入ってこない。そうした状況下で、根拠のないデマ情報が生まれ、急速に広まってしまうことがある。関東大震災の場合には、「朝鮮人が井戸に毒薬を投入した」などのデマ情報が生まれ、朝鮮などの人々が殺傷される事件も発生した。得られる情報が格段に増えた現在であっても、何が真実かを落ち着いて見極めることが重要である。

▲整備された昭和通り（東京 1932年）

ここも見てみよう　関東地震➡ p.52、津波・液状化➡ p.22−23、都市化の進行と地震➡ p.50−51、震度・復興・避難場所➡ p.59−60

▲2008年四川大地震の震源

◀こわれた校舎で教科書を探す児童
（中国 スーチョワン省 シーファン
2008年6月）

世界にみる地震災害

耐震性の問題を浮きぼりにした四川大地震

中国のスーチョワン（四川）省付近は、ユーラシアプレートとインド・オーストラリアプレートの衝突による ひずみ が集中する地域です。古くからの都、チョントゥー（成都）をかかえるスーチョワン（四川）盆地は標高500m前後で、北西に標高4000mを超えるチベット高原が発達しています。2008年5月12日午後2時28分、スーチョワン盆地とチベット高原の間をはしる「龍門山断層帯」で大地震が

▲日本から派遣された国際緊急援助隊（中国 スーチョワン省 2008年5月16日）

発生しました。マグニチュードは7.9と、直下型地震としては最大規模で、およそ8万人が亡くなりました。活断層のずれが地表に現れた場所も多く、建物を破壊し、耕作地に被害を与え、河川を横切るところには滝ができました。

地震のゆれも強く、建物の倒壊が多数発生しました。断層帯の北西側に広がる、地形が急でけわしい地域を中心に、斜面崩壊も多数発生し、道路網が遮断されて孤立した集落もありました。日本は国際緊急援助隊として地震発生後すぐに現地入りして救助活動を実施したほか、国内では募金活動も行われ、被災地を支えました。

最も悲惨だったのは、学校の倒壊によって多くの児童や生徒たちが犠牲になったことです。スーチョワン省だけでもおよそ7000棟の学校が倒壊しました。耐震性に問題があったことは明らかです。学校は若い命が集まる場所ですし、災害時には避難場所や避難所となることも多い場所です。耐震性を備えるべき公共施設の一つとして、対策を急がねばならないことを、日本国内にも印象づけました。

この地震では「対口支援」が注目されました。これは、被災しなかった中国国内の自治体と被災した自治体のペ

▲パンケーキクラッシュが起きた建物（トルコ カフラマンマラシュ 2023年2月9日）

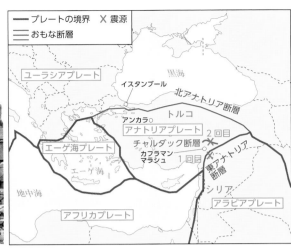

▲2023年 トルコ・シリア地震の震源とプレートの分布

アを国主導で決定し、マンツーマンの効果的な支援を行う枠組みです。支援のモデルとしてその後の災害にも生かされ、日本でも東日本大震災（2011年）や熊本地震（2016年）の際に、こうした枠組みで自治体職員を派遣するなどの支援活動が実施されています。

地震の多発する地域で起きたトルコ・シリア地震

　トルコには、世界第一級の長大な活断層である北アナトリア断層が、東西に横断するように分布しています。ユーラシアプレートとアナトリアプレートの境界にあたる、主に右横ずれを示す活断層です。トルコ南東部に分布する東アナトリア断層も長大な活断層で、アナトリアプレートとアラビアプレートの境界にあたる、おもに左横ずれを示す活断層です。いずれも最近の歴史時代に発生した大地震との関連が議論されています。北アナトリア断層については、20世紀に、1999年コジャエリ地震を含めて、おおむね東から西へと順に大地震を引き起こしたことが知られています。

　2023年2月6日午前4時17分に発生した、トルコ南東部を震源とするマグニチュード7.8の地震は、東アナトリア断層がずれ動いたことによるものです。ずれは約290kmにわたる区間で確認され、最大で約8mの左横ずれが確認されています。その約9時間後の午後1時24分には、東アナトリア断層の北方を震源とするマグニチュード7.5の地震が発生しました。おもに左横ずれを示す活断層として知られていたチャルダック断層に沿って、最大で約9mに達す

る左横ずれが、約100kmにわたって確認されました。

　2度の直下型地震は、カフラマンマラシュを含むトルコ南東部から、シリア北西部にかけての地域に、5万人以上の犠牲者を出す深刻な被害をもたらしました。この地震は、「トルコ・シリア地震」とよばれています。地震のゆれによって多くの建物が倒壊し、液状化や斜面崩壊も発生しました。建物被害については、四川大地震と同じく、耐震性の不足が指摘されています。左上の写真のように、柱の耐震性が十分でないために建物のフロアがつぶれるパンケーキクラッシュも確認されました。人々は、厳しい冷え込みのなかでの救助活動や避難生活を余儀なくされ、政治的不安定から支援が難航した地域もあります。また、日本をはじめ、海外からの災害救助隊が被災地に入り、任務にあたっています。

▲氷点下の寒さのなか、たき火で暖をとる避難民
（トルコ マラティヤ 2023年2月9日）

ここも見てみよう｜ 世界のおもな地震➡ p.6−7、斜面崩壊➡ p.23、耐震➡ p.40−41、断層・避難場所・避難所➡ p.60用

事例

防災・減災の取り組み

対策1 地震研究を進めてきた日本

▲地震研究や耐震建築のきっかけとなった濃尾地震(岐阜県 1891年)

地震研究の進展と対策の見直し

日本では、被害の軽減を目指して明治時代以降に地震研究がさかんに進められてきました。地震が起こるたびにその原因や被害に関する調査が行われ、平常時においても詳細な観測が続けられ、地震がいつ、どのようにして起こるのか、そしてどのような被害が発生するかについて研究されてきました。1970年代後半からは、静岡県の駿河湾を震源とする「東海地震」がいずれ起こるという危機感が高まり、観測が強化されました。また1995年の阪神・淡路大震災以降は、陸上の活断層に関する調査研究も進められるよう

▲海底下7000mまで掘りぬくことができる船「ちきゅう」(愛知県沖 2012年)

になりました。

さらに近年は、宇宙から地殻変動を監視する陸域観測技術衛星「だいち」によって地震が起こった際の大地の動きをくわしく計測したり、地球深部探査船「ちきゅう」によって地震が発生する場所の地質を調べたりするようになりました。

こうしたさまざまな調査により地震に関する知見が増え、日本のどこでどのような地震が起きるかを総合的に予測する取り組みが進んでいます。しかし一方で、東海地震が予知できることを前提とした対策は見直され、2017年11月から気象庁は「東海地震に関する情報」の発表を取りやめたため、政府が「警戒宣言」を発出することはなくなりました。

緊急地震速報のしくみと活用

地震発生を正確に予知することが困難ななかで、地震が起こった直後の対策を重視しようという、リアルタイム地震防災という考え方が近年注目を集めています。気象

庁が2007年から本格的に運用を開始した緊急地震速報は、その代表的な例です。地震発生直後にテレビやラジオで「まもなく強いゆれ が来ます。身を守ってください。」と放送されます。携帯電話の報知音も鳴るようになっています。

▲緊急地震速報を受信した携帯電話の画面

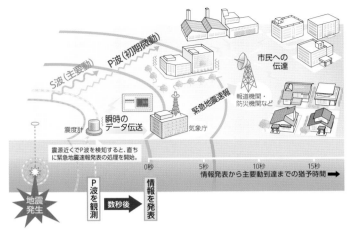

▲緊急地震速報のしくみ

　このシステムは、地震の ゆれ にはP波とS波の2種類があり、その到達時間に差があることを利用しています。あとで届くS波のほうが強くて被害をもたらすため、先に観測される小さな ゆれ（P波）を地震計がとらえて、強い ゆれ（S波）の到達を事前に知らせます。人々に事前に身構えてもらえれば、防災上の効果が期待できるというわけです。

　海溝型地震の場合には、震源が沖合いにあって陸地から離れているため、海岸や海底の地震計がP波をとらえていちはやくその情報を伝えれば、S波が まち を襲う前に警報を流すことができます。その時間は場所によって異なり、およそ数秒～数十秒程度ですが、それによって市民が安全な場所に身を隠したり、走行中の列車や自動車を減速させたり、工事を緊急停止したり、工場の操業を止めたりして被害を減らすことができます。

　しかし、熊本地震のような直下型地震では、P波とS波の到達時間にほとんど差がないため、緊急地震速報はまにあいません。また、そもそもこのシステムについては、わずかな時間にどれほどの防災行動がとれるか、かえってパニックが起こる可能性があるのではないか、緊急地震速報を聞いた人と聞かなかった人との行動の差がトラブルを起こさないかなど、問題も指摘されています。地震対策として万能なものはなく、それぞれに限界があります。そのことを十分わきまえて、さまざまな工夫と努力によって被害を減らすこと（減災）が大切です。

対策

日本の地震研究のはじまりとお雇い外国人の活躍

　明治維新以降、日本は近代化のためにヨーロッパやアメリカ合衆国から数千人ものお雇い外国人とよばれる人々を招いた。そんな彼らを驚かせたのが1880年2月に発生した横浜地震であった。地震の少ない国から来た彼らにとって地震は重要な研究対象となり、その年の4月26日には世界ではじめての地震学会として日本地震学会が設立された。その中心人物は当時の工部大学校（のちの東京大学工学部）教授でイギリス人のジョン・ミルンであった。

　それから約10年間は大きな地震はなかったが、1891年10月、内陸地震としては日本で最大級の地震が発生した。岐阜県や愛知県などであわせて7273人の犠牲者を出した濃尾地震である。この地震は文明開化の名のもとに外国から直輸入された技術でつくられた建物や橋などを直撃し、日本独自の地震研究の必要性が痛感されることになった。そこで生まれたのが震災予防調査会である。これは当時の文部省の機関で、メンバーはお雇い外国人教師に育てられた地震、建築、土木、機械などの日本人の専門家であった。震災予防調査会は、それから1923年の関東大震災まで約30年あまりにわたって地震研究の中心となり、日本の地震学や耐震工学の基礎が築かれていった。

▲普通地震計〈国立科学博物館〉　お雇い外国人のグレー、ミルン、ユーイングらによって基礎がつくられた地震計。1890年代～1940年代まで各地の測候所で活用された。

ここも見てみよう　東海地震➡2巻 p.28−29、P波・S波➡p.15、60用

対策2 建物の地震対策 －耐震・制震・免震－

▲筋交いを入れて耐震補強された校舎（栃木県 宇都宮市 2007年）

地震による建物の被害

　大きな地震が発生すると、ゆれ の強い地域では建物が被害を受けます。地震による建物の被害には、強いゆれや断層の ずれ による直接的な被害だけではなく、火災や津波による被害もありますが、建物を地震災害から守るには、まず ゆれ による被害を防ぐことが重要です。

　地震の ゆれ は、重い建物ほど大きな力でゆらすため、建物を軽くすることで、柱が建物を支える力の方がゆらす力よりも強くなります。昔から使われてきた木材は、軽くて支える力が強いすぐれた建築材料です。火災に弱いことが欠点ですが、現在では木材を燃えにくく加工する技術が開発されています。鉄骨は、重くても支える力は木材よりもはるかに強いのですが、木材と同様に火災には弱い（熱すると変形しやすい）ので、耐火・耐熱性の材料でおおって使われます。鉄筋コンクリートは、押される力に強いコンクリートと引っぱられる力に強い鉄筋の組み合わせで、支える力が強く火災にも強いので、建築材料として最も多く使われています。重いことが欠点ですが、現在は高層ビル用に軽くて強いコンクリートが開発されています。

建物を守る耐震・制震・免震の技術

　地震による建物の被害を軽減するための技術には、耐震、制震、免震の三つがあります。

　第一の耐震技術とは、地震で建物が大きくゆれてもこわれにくくする技術です。日本では、人々が安心して快適に生活できる建物を建築するために、建築基準法（1950年）という法律によって、建物の最低限の性能や水準を定めています。特に、地震に対して安全な建物を設計することを耐震設計といい、地震の多い日本では、地震に対してどれくらい強く建物を設計すべきかを建築基準法で規定しています。それが耐震基準です。例えば、建物の1階から屋上までの縦方向（立面）と東西南北の横方向（平面）で、壁などの かたより が少なく、バランスの取れた設計が必要です。また、木造や鉄骨造の建物では、柱・梁・土台の間の四角い枠に対角線上の「筋交い」や「合板」で固定することで、地震による横ゆれに対して抵抗力の高い壁をつくることができます。耐震性能が高い建物はこわれませんが大きくゆれるため、家具の固定などの室

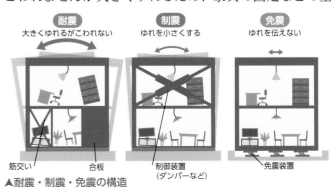

▲耐震・制震・免震の構造

内での安全対策を必ず行う必要があります。

　耐震基準は、十勝沖地震(1968年)や宮城県沖地震 (1978年)などの建物被害を教訓にしてたびたび改定されてきました。1981年に改定され現在まで継続している新耐震基準では、震度5程度(建物を使用する約30〜50年間に数回襲われる可能性がある震度)では建物がこわれないこと、震度7や6強の強い ゆれ では建物がこわれても避難ができて命は助かることを目指しています。阪神・淡路大震災では、1981年以前に建てられた建物の倒壊がめだったことから、新耐震基準を満たすように建物を改修(耐震補強)することが重要な地震対策となりました。しかしその後の地震で、1981年以降の木造建物でも全壊した住宅があり、柱と土台や梁を金具で固定するなど、木造建物の新基準が2000年に制定されています。

　第二の制震技術とは、建物の ゆれ を制御して小さくする技術で、超高層ビルなど大規模な建物で取り入れられています。耐震技術が「剛」の構造で ゆれ に強い建物をつくるのに対して、制震技術は ゆれ をしなやかに受け止める「柔」の発想から開発されました。その原点には、日本の伝統的な五重塔があります。江戸期の五重塔には、中心にある「心柱」を上部から吊り下げる懸垂式が用いられ、塔が風や地震でゆれたときには、心柱がゆれている塔を引き戻して安定させるしくみとなっていました。

　このしくみは、「心柱制振」として東京スカイツリーにも応用されています。実際には、心柱のような重りだけでなく、地震による ゆれ のエネルギーを吸収する制震装置(ダンパーなど)も多重に設置して、建物の ゆれ を制御しています。小規模の建物を短周期の地震動に耐えるように強化する耐震技術に対して、制震技術は超高層ビルの

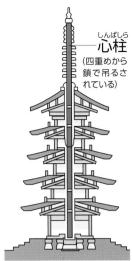

心柱
(四重めから鎖で吊るされている)

▲懸垂式の五重塔の構造図(左)、五重塔の懸垂式心柱の発想が活用された東京スカイツリー(右)

ゆれ を増幅させる長周期地震動に最も有効な技術です。

　第三の免震技術とは、地震の ゆれ が建物に直接伝わらないようにする技術です。従来の建物は基礎で地面に固定していますが、免震設計は建物本体と基礎との間にゴムでかためた大きなバネなどを設置して、建物が地面に直結しない構造にします。地面が大きくゆれても建物全体はあまりゆれないつくり方となるため、手術を行う病院や、貴重な美術品や資料を展示・保管する美術館・博物館、精密な実験をする研究施設などに適している技術です。世界遺産に登録されている東京の国立西洋美術館は、阪神・淡路大震災後に免震ビルに改修されました。

　なお2022年末現在、高さ180m以上の超高層ビル約1200棟を含め、制震構造のビルは約5100棟、免震構造のビルは約5300棟(日本免震構造協会より)ですが、技術も日進月歩で開発されています。

耐震技術が普及するまで

　震災予防調査会(p.39)の大きな使命の一つは建物の耐震化を進めることであった。なかでも耐震基準の制定は最も重要な課題であった。その研究を進めたのは東京帝国大学建築学科の佐野利器(1880〜1956年)で、1916年に「震度法」とよばれる設計法を発表した。佐野の考えで設計した建物は関東大震災でも無事だったので、震災後まもない1924年6月に、最初の耐震基準が市街地建築物法に制定され、大都市の大きな建物だけに適用された。当時は地震を正確に記録する地震計もなかったが、佐野は、「すべてがわかるまで待ってはいられない、これ以上地震による犠牲者を増やすことはできない」として、耐震基準の制定に努力した。戦後、建築基準法(1950年)によって基準が強化され、全国すべての建物に適用されて、建物倒壊の犠牲者は戦前の10分の1以下に激減している。

ここも見てみよう 阪神・淡路大震災➡ p.28-33、長周期地震動➡ p.53、60用

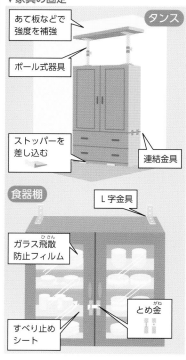

◀小学校での防災訓練
（宮崎県 宮崎市2016年）

▼家具の固定

タンス

- あて板などで強度を補強
- ポール式器具
- ストッパーを差し込む
- 連結金具

食器棚

- L字金具
- ガラス飛散防止フィルム
- とめ金
- すべり止めシート

対策3 地震被害を減らすために 一人ひとりができること

地震による被害を減らすために

さまざまな科学技術を駆使しても、現在の私たちには地震の発生を予知することは難しく、ましてや地震の発生をとめることはできません。しかし、地震が私たちの社会にもたらす被害、すなわち「災害」を減らすこと（減災）は可能なはずです。地震災害を減らすにはどうすればよいのでしょうか。

1995年の阪神・淡路大震災では、強い ゆれ により鉄筋コンクリート造のビルや木造住宅が倒壊し、多くの人がたおれた家具の下や、倒壊した住宅に閉じ込められました。その状況からどのように脱出したのかをみると、自力で脱出した人が35％、家族に救助された人が32％、友人・隣人

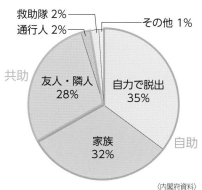

| 救助隊 2％
| 通行人 2％
| その他 1％
| 共助
| 友人・隣人 28％
| 家族 32％
| 自力で脱出 35％
| 自助

〈内閣府資料〉

▲阪神・淡路大震災における救助の主体

に救助された人が28％で、救助隊によって救出された人は２％でした。地震が起こると、建物の倒壊や火災、交通の寸断などさまざまな被害が同時にあちこちで多発するため、政府や自治体の救援の手（公助）がすぐに一人ひとりに届くとは限りません。阪神・淡路大震災で、自力で脱出した人や周囲の人から助けられた人が多いことからわかるように、犠牲者を減らすためには、自分で自分の命を守る「自助」、周囲の人とたがいに助け合う「共助」が何より大切なのです。

命を守るのは自分自身の行動「自助」

阪神・淡路大震災、新潟県中越地震、熊本地震など、地震は日本全国で起こっています。地震を経験した人に共通しているのは「まさか自分のところで地震が起こるとは思っていなかった」と語る点です。しかし地震は、いつ、どこで起こるか分からないものです。自宅、学校、登下校中、外出先で、自分１人だけのときに地震にあう可能性もあります。いつでも、どこにいても、ゆれを感じたらその場ですぐに自分のまわりの安全を確認して身を守る

地震に関するハザードマップ

　一人ひとりが地震に備えるには、自分の住むまちで「どの程度強い地震が起こりそうか」を知ることが重要で、それを教えてくれるのがハザードマップである。日本中どこでも震度6弱以上の ゆれ は起こりうるので、それを心得たうえで、とくに地震が起こりそうな地域はどこか、とくにゆれやすい場所はどこか、それはなぜかをハザードマップを見ながら理解することが重要である。

　全国的な地震のハザードマップとしては、政府の地震本部が公開している「確率論的地震動予測地図」（「全国地震動予測地図」の一つ）や、内閣府などが公表している「ゆれやすさマップ」などがある。地震動とは地点ごとのゆれのことで、確率論的地震動予測地図はその発生予測を「今後30年間に震度6弱以上のゆれに見舞われる確率」などとして示している。一方、ゆれやすさマップは、万が一大きな地震が起こった際、地盤条件の違いによってどの程度ゆれやすさ が異なるかを示している。

　最近は自治体ごとでも地震ハザードマップがつくられ、住民に配布されるようになっている。この地図は、全国版よりも詳細な地図上に、地点ごとに予想されるゆれの大きさを示すとともに、避難所の位置や崖崩れの危険箇所なども示して、地震対策に役立つように工夫されている。地震のハザードマップには、このほかにもいろいろ

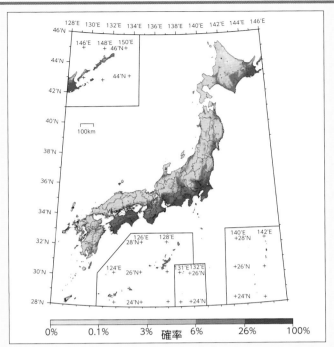

▲地震のハザードマップといわれる「全国地震動予測地図」（2020年版）
（2020年から30年間に震度6弱以上のゆれに見舞われる確率）〈地震本部資料〉

な種類がある。次に起こる地震がどのようなものであるかが分からないため、さまざまなケースを予測しないといけないということでもある。ハザードマップを見比べ、つくられた意図をよく考えて、地震が起こった際に「想定外だった」ということのないようにしたい。

という「自助」の習慣を身につけておく必要があります。

　学校の防災訓練で、机の下に入って身を守るという行動をとったことのある人は多いでしょう。昼休みで教室の外にいるときや登下校時など、すぐ近くに じょうぶ な机がない場合もあります。そのときは周囲にガラス、照明灯、本棚、ブロック塀などのような割れたりたおれたりするものがないかを確認し、姿勢を低くして小さくなり身を守ります。どんな場所にいても地震のときに身を守るための安全行動に「シェイクアウト」があります。「シェイクアウト」とは、本来は「地震をふりはらえ」という意味を込めた言葉です。地震の ゆれ を感じたら、「①その場で姿勢を低くして」「②頭を守り」「③じっとする」という3ステップの行動です。これならば1秒でできます。

　一方、夜寝ているときには、瞬時に行動することが難しくなります。阪神・淡路大震災が起こったのは早朝だっ

たので、寝ている人もたくさんいました。強い ゆれ によって、本棚、タンス、食器棚など背の高い家具が転倒しました。また、ピアノ、冷蔵庫、大型金庫など重くて動くとは考えられないものが、飛ぶように移動したり たおれたりしました。寝ているときに地震にあっても大丈夫なように、寝室には背の高い家具を置かない、あるいは背の高い家具は固定しておくことが大切です。自分の部屋に背が高い家具があれば、家具を固定する道具を買って設置するようにしましょう。

　地震では、突然地面が強くゆれます。私たちは、地面がゆれるということに慣れていないのでとっさに恐怖を感じます。しかし、私たち一人ひとりが事前に家具をきちんと固定したり、さらに、地震が起こったときに「シェイクアウト」などの的確な行動を取ったりすれば、確実に命を守り、被害を防ぐことができるのです。

ここも見てみよう　阪神・淡路大震災➡ p.28−33、共助➡ 44−45、地震本部➡ p.31、ハザードマップ➡ p.60用

対策

対策4 減災につながる「共助」の姿勢

▲地域住民と行政とで取り組まれた避難所運営訓練
（岩手県 盛岡市 2020年）

避難生活における「共助」

災害発生時やその後の生活のなかでは、自分1人の努力「自助」だけで解決するのが難しいこともたくさんあります。阪神・淡路大震災では、こわれた自宅の下敷きになって動けなくなった人が、近所の人によって助け出されたという事例がたくさんありました。また、避難所では、多くの人が食事の配給など力を合わせて生活をともにしました。とくに、被災後の生活においては、友人や近所の人とたがいに助け合う「共助」が重要になります。

地震によって住まいを失った人、断水・停電などにより自宅での生活が困難な人、余震がこわくて建物のなかにいたくない人などは、学校や公民館など指定の避難所に避難します。ところが、これらの施設は、もともと避難所として利用するために建てられたものではありません。また、どのようにその施設を避難所として利用するのか、事前に考えられていないこともあります。そのため、災害が起こると次のようなさまざまな問題が出てきます。

第一に、誰が避難所を運営するのかという問題が生じます。避難者の多くは避難所を「誰か」が運営してくれると思っています。しかし、その「誰か」が事前に決まっていない場合は、避難者が話し合い、避難所の運営に必要な役割（運営班、炊き出し班、物資班、清掃班、情報班など）を決めて、協力して取り組まなければなりません。

第二に、避難所の住環境の問題があります。避難所が混雑すると、多数の人との共同生活になり、着替えをする場所、授乳やオムツ替えの場所という空間を確保することが難しくなります。プライバシーを確保するために、ダンボールなどで間仕切りを設置することもあります。ペットを連れて避難する人もいます。ペットは家族なので常に一緒にいたいという人もいれば、アレルギーがある人もいます。そのため、ペット連れの人専用の空間を設ける避難所もあれば、ペットはケージに入れて専用スペースを設けることもあります。避難所での生活は、男性・女性・LGBTQ、障害のある人、外国の人、ペットのいる人など、さまざまな人との共同生活です。それぞれの人がどのようなことに困るのかを考えて、助け合うことが大切です。そのためにも、日頃の生活のなかで、どのようなことに困るのか、どのように助け合うのかを話し合っておく必要があります。

第三に、災害時に避難所へ行かずに、自宅の上階、知人や親戚宅、車のなかで過ごす「避難所外避難者」に支援が届きにくいという問題があります。避難所は地域の災害対応拠点でもあるので、避難所以外の場所に避難していても食料や物資、情報を避難所に取りに行くことができます。また、

トルコの被災地での暮らし

2023年2月6日に、トルコ南東部のシリア国境付近で起きたトルコ・シリア地震では、南北300kmに及ぶ広範な地域が被害を受けた。日本では災害時には学校や体育館などの施設が避難所として利用されるが、トルコの避難生活はテントである。被災地には332か所のテント村が開設され、約36万人が避難した。

テントは、プライバシーが確保できるよう家族ごとに提供された。また、快適に過ごせるよう、じゅうたんが敷かれ、ベッドやテーブルが置かれ、冬には寒くないようにストーブが設置された。これらの家具、物品は国が提供していた。トイレやシャワーは共同で、外にトイレやシャワー用のコンテナが設置された。地震により学校が被害を受けたものの勉強を続けられるよう、テント村には小学校、中学校、幼稚園やコンピュータルームが大型のテントを利用して設置された。

日本の避難所生活では、非常食、パン、おにぎり、弁当などという食事が一般的である。トルコでは、災害発生直後からできたての温かい食事がキッチンカーで配られていた。食事は、調理拠点で調理師の資格をもつシェフが準備し、被災地にキッチンカーで運ばれ、食事を必要とする人は誰でも取りに行くことができるしくみとなっていた。食事は、トルコ赤新月社が中心となり、全国から支援に集まったボランティアが助け合って準備し配られていた。

地域の公民館などを利用して、避難所外避難している人にも水や物資、情報が届くしくみをつくる必要があります。

語り継がれる震災の教訓

過去の災害のなかには、それがどれほどの被害をもたらしたのかが忘れられ、現在に伝えられていないものも数多くあります。大きな被害を受けた地域でも、復興して時間がたつにつれ、町なかの がれき は片づけられ、災害を経験した人は年をとり、災害の記憶はしだいにうすれていくからです。また、災害の記憶を伝えるには、災害を経験した人がつらい気持ちと向き合い、その記憶を文書・語り・碑・絵・写真を通し、伝えようとする覚悟が必要です。

地震の災害経験を語り継ぐ努力は各地で行われています。例えば、阪神・淡路大震災の経験と復興への思いを忘れないようにと、神戸市に災害ミュージアム「人と防災未来センター」が建てられました。阪神・淡路大震災を経験した人々から集められた災害の記憶を伝える「モノ」などが約18万点収蔵されており、災害ミュージアムとしては世界最大規模です。災害のつらい記憶を伝える施設を建てることに反対する人もいましたが、それでも、確実に次の世代に防災の大切さを伝えようという考えのもと実現しました。東日本大震災の被災地では、津波で被災した当時の写真や映像を、現在のまち並みと拡張現実(AR)や仮想現実(VR)という技術を使って組み合わせてみることにより、被災経験をリアルに学ぶことができる体験型のプログラムがつくられています。さらに、災害ミュージアム、アーカイブ、語り部の災害の記憶伝承活動に取り組む人々がネットワークでつながることにより、災害に強い社会をつくるという取り組みが行われています。

避難所で活躍した小・中・高校生

2016年4月の熊本地震で被害を受けた熊本県西原村では、地域の人がそれぞれの特技や技術を生かし、力を合わせて避難所を運営した。小学生や中学生、高校生も避難所運営に参加し、炊き出しでの食事の配布やあと片づけは、高校生を中心に小・中学生が協力して行った。また、1人で避難している高齢者には、積極的に話しかけていた。西原村の河原小学校の避難所では、避難所にいる中学生の呼びかけで、「がんばろう！河原！」という横断幕に皆が寄せ書きをしたものがかかげられ、避難している人々をはげました。

▲避難所となった河原小学校(熊本県 西原村 2016年)

ここも見てみよう　阪神・淡路大震災の経験➡ p.32−33、東日本大震災の体験型プログラム➡ 2巻 p.45、トルコ・シリア地震➡ p.37、熊本地震の避難生活➡ p.26、避難所➡ p.60用

クローズアップ

神戸市長田区の復興まちづくり

▲震災直後の新長田駅周辺（兵庫県 神戸市 1995年1月30日）

木造密集市街地の被災

1995年の阪神・淡路大震災では、木造密集市街地が広がる神戸市長田区でとくに大きな被害が発生しました。この震災では、古い木造の建物が数多く倒壊し、がれきに押しつぶされて多くの人々の命が奪われました。せまい道路は、倒壊した建物やブロック塀などで通行が不可能になり、救出活動や地震後に発生した火災の消火活動のさまたげとなりました。

長田区の木造密集市街地は、昭和初期より都市化が進むにつれ都心の周辺地域として形成されました。都心より地価や家賃が安く、都心で働く人々の住まいや、さまざまな商店・工場がところせましとならび、神戸の人々の生活を支えました。住民どうしはつながりが深く、人情味あふれる下町の雰囲気を残している場所でした。

災害に強いまちへ

震災後の長田区では、幅の広い道路の建設、道路に接

していない奥まった敷地の解消、マンションなどによる建物の共同化や高層化などが行われ、被害拡大の原因となったせまい道路や木造密集市街地の問題解決が進められました。小・中学校では、校舎の耐震化とともに避難所としての機能を備えるなど、災害対応の強化がはかられています。また、延焼を防ぎ避難場所にもなる公園が整備され、防災倉庫や災害時にトイレとなる下水施設なども設けられました。整備された公園で行われる盆踊りなどのイベントは、住民どうしの交流の場にもなっています。こうしたつながりや震災で初期消火に苦労した経験から、地域の企業と住民との間で災害時に助け合う約束を取り交わす動きもみられました。

長田区の木造密集市街地には、ベトナムや中国などの外国の居住者が多く、震災当時は言葉の問題や生活習慣の違いが相互理解や助け合いの壁となり、多くの外国人が災害弱者になりました。このときの教訓をふまえ、多言語で情報を提供する地域FM局も開設されました。

こうした復興に関する取り組みは、地域住民が主体と

▲再開発後の新長田駅(神戸市 2013年10月)

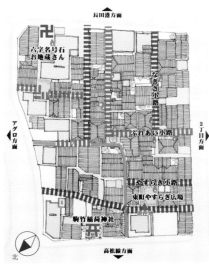
▶ 路地を生かしたまちづくり(神戸市長田区) 区内に立つ看板の一部で、整備計画が示されている。住民主導で道幅を決めたことで、細い路地を生かしながらも防火性の高い建物への建て替えが可能となった。

凡例

- ▦ 主要道路(将来幅員4m)
- ▦ 路地 A(将来幅員2.7m)沿道構造物規制:難燃材の使用義務など
- ▦ 路 地B(将来幅員2.7m)沿道構造物規制:地上2階までの高さ制限など
- ━ 路地C(幅員現状維持)
- 🜄 緊急用じゃぐち*

*火災時に使用できる蛇口のこと。同地区では、緊急時の使用について、蛇口所有者と協定を結んでいる。

なったまちづくり協議会と専門家、行政などが たがいに理解、協力し合うことで実現しました。

安心して暮らせる復興まちづくりをめざして

復興が進むにつれ、多くの新しい建物や道路が整備され、阪神・淡路大震災と同様の地震では倒壊や延焼の可能性が低くなり、多くの住民にとって安全な空間が長田区にも形成されました。一方、震災前の下町らしさや にぎわい が減ったという声も聞かれます。神戸市全体の人口は、震災発生から10年後の2005年には震災発生当時まで回復しました。長田区では、人口は震災発生から数年間にわたり回復していたものの、働く場所が十分に回復しなかったことや、区外からの転入者が限られたことなどから再び人口減少となり、2023年の時点で震災発生当時の人口に至っていません。2013年には長田区の高齢化率は30%に達し、神戸市全体の平均を大きく上まわりました。震災後の再開発により建設された高層ビルの住居部分は、新しい住民を集める場にはなったものの、高層ビルの2階や地下などの商業施設部分は空いたままになっている事例もみられます。長田区の人口減少や高齢化は震災前からみられた現象でしたが、震災によりその傾向が著しく進むことになったのです。

一方、人口減少などによる老朽化した空き家や未利用の空き地を、災害時の一時避難場所や消防活動用地、日常のコミュニティの場として、行政や所有者、まちづくり協議会など、官民一体となり、現在も整備しています。また、震災学習として修学旅行生をよびこんだり、駐輪場などの施設を地域で管理するまちづくりの会社やNPOが生まれたりし、地域住民や関係者で地域を維持するしくみが動き出しています。行政だけでなくさまざまな団体・組織、個人の協働によって、建物や道路などのハード面の整備、安心して生活できるしくみやルールづくり、日常の関係性を築く工夫などソフト面の整備の両方をともなった「復興まちづくり」という言葉は、阪神・淡路大震災で定着し、その後の新潟県中越地震や東日本大震災、熊本地震などの被災地にも伝えられています。

▲密集市街地まちなか防災空地(神戸市長田区 2023年9月)地域の子どもが参加したワークショップのアイディアでつくられたまちなか防災空地

🔍 ここも見てみよう 阪神・淡路大震災➡ p.28−33、避難場所・避難所・復興➡ p.60用、NPO ➡ 2巻 p.44−45

「クロスロード」に挑戦！　～地震編～

「クロスロード」とは…

　クロスロードとは、「重大な分かれ道」のこと。災害が起こったときには、どちらが正解か決められないような難しい選択をしなければならない場面が多々発生します。過去の教訓が次の災害のときに必ずしも生かせるとも限りません。「クロスロード」は、そのようなさまざまな場面でどのような判断をするか、2択で考えていくシミュレーションです。あなたならYESかNOのどちらを選ぶか、なぜその選択をするのかを考えてみましょう。また、あなたのまわりの家族や友だちはどのように考えたか、話を聞いてみましょう。

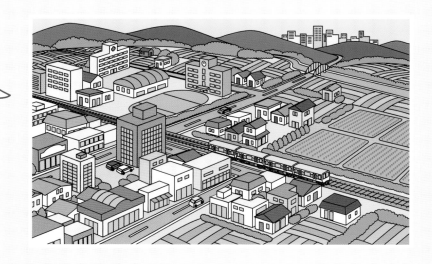

　あなたが両親と一緒に暮らしている一軒家は、まわりに水田が広がる住宅地にある。都会ほどの便利さはないけれど、自然が豊かで友だちも近くにいて、住みやすい町だ。

　夕食後に家族でテレビを見ていたとき、下からつき上げられるような地震に襲われたあなた。立ちあがれないほどの ゆれ のなか、急いで近くのテーブルの下に身を隠した。食器棚などの家具がガチャンガチャンと音を立ててたおれてきた。停電で部屋のなかは真っ暗になった。

Q1

　あなたの家は先ほどの ゆれ で倒壊や火災はなかったが、ガラスや壁にはところどころひびが入った。家の電気はあいかわらず復旧しない。避難所は足の踏み場がないほど混雑しているらしいが、あなたは家族と一緒にすぐに避難する？

避難する

避難せず家にとどまる

考察ポイント！

① あなたが避難するならば、避難所へ向かうときに倒壊しかかった建物や壁などに注意が必要である。暗やみのなかの避難は危険を伴う。避難所では食料や寝具が支給されるが、多くの人で混雑している場合は十分な支援や生活スペースが得られない可能性もある。

② あなたが避難せずに家にとどまるならば、プライバシーは保たれ、セキュリティーの弱い家を離れる防犯上の不安もない。一方で支援に関わる情報や支援そのものを得にくく、ふたたび強いゆれに見舞われたときの危険性にも注意する必要がある。

③ 緊急時に何を重視するかが問われるが、第一に身の安全を確保することを忘れてはならない。

Q2 中学校の体育館で避難生活を送ることになったあなた。日頃の備えが幸いして、家族3人3日分の水と食料が入った非常持ち出し袋をもって避難してきた。一方、まわりには水も食料もない家族がたくさんいるようだ。あなたはその前で非常持ち出し袋を開ける？

開ける

開けない

考察ポイント！

①あなたが非常袋を開けて自分だけ飲食するなら、まわりの人から自分勝手だと思われるかもしれない。体力のないお年寄りや、お腹をすかせた子どもにも分けてあげれば、人助けができる。しかし、そうしたことで明日には自分がお腹をすかせるかもしれない。

②あなたが非常袋を開けないならば、日頃から備えてきた意味がないと感じるかもしれない。どのタイミングで袋を開けるべきか、判断に迷うことになりそうだ。

③避難所では、さまざまな人が共同で生活することになる。それぞれが気持ちに余裕のないなか、まわりの人たちにも気を配らなければならない。では、みなが非常袋を開けられるようにするには？　例えば、地域で備蓄のルールを話し合い、各家庭が備えておくのも一つの手だ。

Q3 異なる立場から考えてみよう

あなたは地震のあった地域から遠く離れた地域に住んでいて被害にはあわなかった。あなたの親戚のおじさんの家が火災にまきこまれ、避難所で生活しているようだ。先日の電話でおじさんは「被災地ではいろいろな物資が極端に不足している」と話していたが、被災地に物資を送る？

物資を送る

物資を送らない

考察ポイント！

①あなたが物資を送るならば、人助けにつながる。役場や避難所あてに送る場合は、仕分けの手間がないように一つの箱に一種類のものをたくさん入れるのが喜ばれる。また、個人あての場合は、要望に応じて「多品目少数のつめ合わせ」がよい。必要な物が必要なところに届くよう工夫が必要である。

②あなたが物資を送らなくても、被災地に貢献できることはある。できる範囲で募金したり、募金や物資輸送のボランティア活動へ参加したりすることも被災地の助けになる。

③非常時には助け合う気持ちと行動がとても大切である。被災地では時々刻々と物資のニーズが変わることを理解し、被災者側と支援者側の双方の立場で何をすべきかを考えてみよう。

多様性が求められる防災対策

　防災対策では、これまで体の不自由な人や妊娠中の人、アレルギー体質の人、日本語を使わない外国の人など、少数派の人たちは後回しにされがちだった。そこで注目されるようになったのが「ダイバーシティ＆インクルージョン」という考え方である。この言葉は「多様な人がいること」と「包み込むこと」という意味で、今では少数派の人たちにも目を向けた対策が全国各地で始まっている。

　ところが、あらゆる人に対応した対策の実現は現実的に難しい。少数派の人が必要とする対策は、当事者でないと気づかないことが多いためである。そこで、多様で幅広い対策の実現には、さまざまな立場の人の活動への参加が重要となる。将来的に、こうした活動が一般的となれば、一人ひとりの防災意識が高まるだけでなく、地域内のネットワークが広がり地域全体の防災力向上につながるだろう。

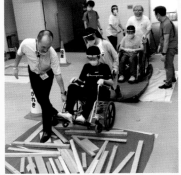

▶車椅子の移動支援を想定した避難訓練（高知県 高知市 2020年9月）

ここも見てみよう　ゆれやすい場所➡ p.15、地震によるさまざまな被害➡ 22−23、地震から身を守る方法➡ p.42−43、避難所での生活➡ p.26、45（熊本地震）、p.30（阪神・淡路大震災）、44、2巻 p.18−19（東日本大震災）

⑤ 大都市における地震災害と対策

大都市特有の地震災害

▲徒歩で帰宅する人々と渋滞車両で大混雑の渋谷駅付近
（東京都、2011年東日本大震災）

大都市と地震

　大都市は、人口が多く建物が密集しているだけではなく、ビジネスや行政、文化など多様な機能が高密度に集中しています。また、周辺の地域から中心部へ通勤・通学や買い物に訪れるなど、広域にサービスを提供する都市圏（通勤圏、通学圏、商業圏などの総称）が形成されています。特に東京・名古屋・大阪の三大都市圏には日本の人口の50％強が住んでおり、情報や物資も集中し、国家の経済活動や行政機能の多くを担っています。

　大都市が地震に襲われると、人口や建物が密集している市街地で集中的に被害が発生し、被害の規模が巨大化します。さらに、大都市におけるさまざまな機能が停止すれば、サービスや経済活動がとだえて周辺の地域や全国の中小都市にさまざまな影響が波及し、間接的な被害が広域化することになります。特に国の中枢機能がある首都圏を大きな地震が直撃すれば、その影響は国内のみにとどまらず、海外での経済活動や貿易・金融がとどこおるなど、世界中に影響が広がるおそれがあります。

　地震調査研究推進本部（地震本部）が公表している「全国地震動予測地図」（2020年版）によると、三大都市圏は、「2020年から30年間に震度6弱以上のゆれに見舞われる確率」が下の図のように5段階の評価のうちで最も高い確率と予測されています。これには、マグニチュード7クラ

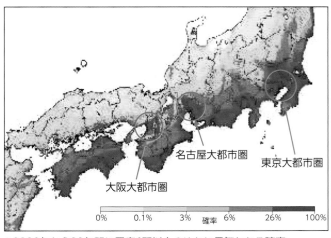

名古屋大都市圏
東京大都市圏
大阪大都市圏

0%　0.1%　3%　確率　6%　26%　100%

▲2020年から30年間に震度6弱以上のゆれに見舞われる確率
〈地震本部「全国地震動予測地図」（2020年版）より〉

スの直下型地震が首都圏のどこかで発生する確率が30年以内に70%、東海〜九州沖にある南海トラフを震源とする南海トラフ巨大地震が発生する確率が30年以内に70〜80%であることが背景となっています。三大都市圏の地震対策は、国として取り組むべき大きな課題なのです。

大都市を襲った地震災害

2011年の東日本大震災では、東北地方の太平洋沿岸を巨大津波が襲い大被害をもたらしました。一方、震度5強のゆれに見舞われた首都圏では、大きな被害はありませんでしたが大混乱が生じました。特に建物の高層階では大きなゆれが長く続き、家具が転倒したり、大型のコピー機などが室内を移動しました。また、金曜日の午後という時間帯も、混乱を大きくしました。首都圏のすべての鉄道が安全確認のために運行を停止したので、自動車の利用が急増し、一部で停電による信号トラブルもあって、道路は大渋滞となりました。週末で多くの人が徒歩で帰宅しようとしましたが、翌朝まで自宅に戻れなかった帰宅困難者が首都圏全体で515万人に達したと推計されています。駅前にはタクシーやバスを待つ長蛇の列ができ、駅や地下街で一夜を過ごした人もいました。また、何時間もかけて徒歩で帰宅した人も多く、左上の写真のように歩道は人であふれました。多くの人が携帯電話をかけたために電話が集中してつながらなくなり、家族の安否確認もできない状況でした。さらに、福島原子力発電所の津波による事故で首都圏では電力不足となり、翌週以降には計画停電が行われたため、生活の不便が続きました。これが首都圏の直下を震源とする地震であったら、このような混乱の前に、建物の倒壊や大火災が起こり、多くの人命や住まいを奪う事態が発生するでしょう。

大都市を直撃した近代以降の大震災としては、事例でみてきた関東大震災（1923年）や阪神・淡路大震災（1995年）、海外では、アメリカ合衆国のサンフランシスコ大地震（1906年）や中国の唐山地震（1976年）が挙げられます。

大都市特有の被害をふり返ってみると、関東大震災では約10万5千人が亡くなりましたが、その9割以上は火災による犠牲で東京と横浜に集中しました。昼食時で強風がふいていたなど悪条件が重なったので、火災旋風も発

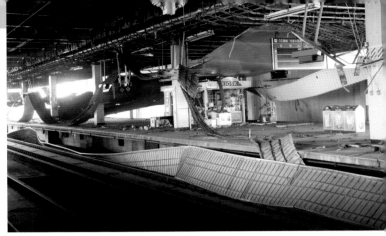

▲震災によって天井板が落ちた仙台駅のホーム
（宮城県、2011年東日本大震災）

生して火災はまたたく間に広がったのです。多くの建物が全壊・全焼し、自宅を失うなど生活が困難になった被災者は255万人あまりに達した一方、デマ情報による社会混乱も発生しました。

現代の大都市では、地震災害が起これば、人命や建物への直接的な被害だけにはとどまりません。阪神・淡路大震災では、神戸市や西宮市などの中心市街地を震度7の強いゆれが襲い、鉄道や高速道路の高架部分が崩落したり、横だおしになったりして、ほとんどの交通が停止しました。住宅が密集する市街地では、建物の倒壊や火災の発生によって多くの道路が通行できなくなりました。未明の地震だったため、人々は自宅で被災し、家族の死亡やけがの治療、避難などに加えて、交通手段もなく郊外からも出勤できない状況となりました。その日に県庁や市役所などに出勤できた人は3割ほど、都心の会社に出勤できた人はほとんどいませんでした。

さらには、人々の生活に欠かせない電気、通信、上下水道、ガスなどのライフライン施設も広域に被災し、32万もの人々が避難所での生活を強いられました。神戸港の埋立地では液状化現象によって埠頭が使用できなくなったので、船による物流が長期間停止し、被災地の生活や産業活動を苦しめました。空き地の少ない大都市では、仮設住宅も交通の不便な郊外に建てられたものが多かったうえに、最長5年あまりもその生活が続きました。火災で焼失し、土地区画整理で復興した市街地では、住宅が再建されるのに4年あまり、都市再開発による復興では10年をかけて取り組まれるなど、もとのまちの姿を取り戻すまでには長い年月がかかりました。

ここも見てみよう　全国地震動予測地図 ➡ p.43、南海トラフ（巨大）地震 ➡ 2巻 p.28−33、東日本大震災 ➡ 2巻 p.14−27、関東大震災 ➡ p.34−35、阪神・淡路大震災 ➡ p.28−33、ライフライン・仮設住宅 ➡ p.59−60用

基礎

ゆれと火災による建物の被害

地震が頻発する地域にある首都圏

　日本の首都圏は、世界でも最も地震が多い場所の一つです。なぜなら右上の図のように、北アメリカプレート(大陸プレート)の下に南からフィリピン海プレート(海洋プレート)が、東から太平洋プレート(海洋プレート)がもぐり込み、三つのプレートが押し重なっているからです。首都圏を震源とする地震は、プレートの境界である相模トラフで発生する海溝型地震と、内陸直下の活断層やプレート内部がずれ動いて発生する直下型地震と、大きく２種類に分けられます。

　首都圏を襲う最大級の地震としては、相模トラフに沿って房総半島沖で発生するマグニチュード(M)8.6以上(Ｍ９クラス)の海溝型地震が想定されています。これは1703年に起こった元禄関東地震があてはまりますが、2000 ～ 3000年に１度の間隔で発生する可能性があるというＭ９の巨大地震です。これに対して、同じく海溝型地震の大正関東地震(関東大震災を引き起こした地震)は、相模トラフの一部がずれ動いて発生するM8.2(Ｍ８クラス)の地震で、200 ～ 400年くらいの間隔で起こるとされ

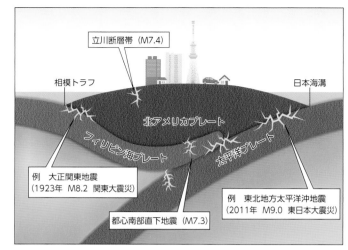

▲首都直下のプレート構造(模式図)

ています。大正関東地震から100年以上たっているので、あと100 ～ 300年後に発生すると考えられています。

　こうした大規模な海溝型地震が発生する前の150年ほどの期間に、首都圏の内陸で、阪神・淡路大震災(1995年)や熊本地震(2016年)と同等のＭ７クラスの直下型地震が複数回発生するとされています。このような直下型地震は、左下の図にように安政江戸地震(1855年)など、関東地震の前に８度も発生しました。このＭ７クラスの首都直下地震が今後「30年以内に70％」という非常に高い確率で起こるといわれています。

首都直下地震の被害想定

　プレートの構造が複雑な首都圏の直下では、Ｍ７クラスの直下型地震がいつ、どこで発生しても ふしぎ ではありません。そのため中央防災会議は、場所と震源の深さや規模などを変えた19通りの首都直下地震を設定し、各地震の震度分布を想定して2013年に公表しています。これら19の地震から各地の直下地震で想定できる最大震度を示した次ページの左上の図をみると、首都圏のすべての市街地が最大で震度６強以上の ゆれ となる可能性があることが分かります。首都圏に住むすべての人々や企業は、震度６強以上の地震に襲われると想定して、地震対策に取り組まねばなりません。

　19の想定地震のなかで最も被害規模が大きく、首都機能にも大きな影響を与える地震として「都心南部直下地震」

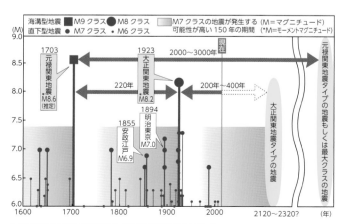

▲首都圏のおもな地震(中央防災会議 2013資料より作成)

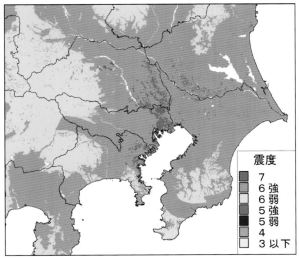

▲首都直下地震による各地の最大震度の想定〈内閣府資料〉

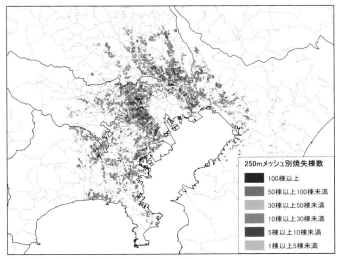

250mメッシュ別焼失棟数
- 100棟以上
- 50棟以上100棟未満
- 30棟以上50棟未満
- 10棟以上30棟未満
- 5棟以上10棟未満
- 1棟以上5棟未満

▲都心南部直下地震における建物焼失棟数の被害想定〈内閣府資料〉

を設定し、国は首都直下地震の対策を検討するために、その被害や被災状況をくわしく想定しました。建物被害は震度に比例するため、震源域の近くが最大になる一方、都心や副都心には木造の建物はほとんどないため、右上の図のように火災による被害はその周辺に集中します。この地域は、木造住宅密集地域で、関東大震災以前は郊外の田園地帯でしたが、震災で家を失った被災者や東京、横浜の復興事業のために全国から来た人々の住宅が、田畑に無計画に建てられた市街地です。戦災で焼失した地域も、東京では戦災復興計画が実現されずに再建された

市街地が多く、道路の整備が不十分で建物の建て替えが進まず、古い木造住宅が軒を接して建てこんでいます。そのため、震度6強の ゆれ で住宅が倒壊、直後から断続的に火災が発生し、鎮火まで2～3日かかるとされています。都心南部直下地震が冬の夕方、風の強い日に発生した場合、ゆれによる全壊が19万8000棟、火災による全焼が41万2000棟、合計61万棟の家屋が被災し、死者は最大2万3000人、負傷者は12万3000人という甚大な被害が想定されています。

事例

超高層ビルと長周期地震動

　東日本大震災では、東京や大阪など震源から遠く離れた地域でも、超高層ビルが10分以上ゆっくりと大きくゆれ続け、室内でキャスターつき家具が移動し、家具がたおれて負傷するなどの被害が生じて、エレベーターも停止した。

　このような被害をもたらす長周期地震動（長周期振動）とは、5、6秒～十数秒の周期の長いゆっくりとしたゆれのことである。周期とは左右にゆれて1往復する時間をいう。たとえば、木琴が木の長さによって一定の高さの音（一定の周期の音波）が出るように、物質にはそれぞれの材質・形状などに応じて固有のゆれ方（固有周期）がある。建物の固有周期と地震のゆれの周期が同じだと、共振といって建物が大きくゆれる。超高層ビルの建設が始まった1960年代後半にはまだ長周期地震動の知識が不十分で、制震技術の開発も不十分だった。なお、2013年より長周期地震動の強さを4階級に区分し、2023年からは、「震度5強程度」以上の予測とともに「長周期地震動3」以上が予測されると「緊急地震速報」で公表している。

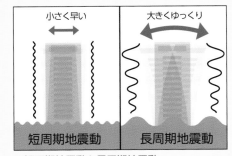

小さく早い　　　大きくゆっくり

短周期地震動　　長周期地震動

▲短周期地震動と長周期地震動

ここも見てみよう　海溝型地震➡ p.20−21、直下型地震➡ p.16−19、関東大震災➡ p.34−35、長周期地震動➡ p.60用

シミュレーション② −首都直下地震−
液状化と二次災害

▲液状化で浮き上がったマンホールなど（千葉県 浦安市、2011年東日本大震災）

液状化とライフラインの被害

　大きな地震が起こり、地盤が強くゆすられると、海や川の周辺の低地や埋立地などでは液状化現象が発生します。この現象が注目されたのは新潟地震（1964年）でした。信濃川の河口に位置する新潟市では、市街地の各地で地盤が泥水状になり、建物がかたむいて沈み込む被害が多発しました。また、新潟港の石油精製工場では液状化が影響して石油タンクがかたむき被災して原油が流出し、火災を起こしました。この状況は、当時「流砂現象」と報道されましたが、のちに「液状化現象」と定義されました。

　東日本大震災（2011年）でも、茨城県南部の利根川流域や千葉県の東京湾岸の埋立地で液状化現象が発生しました。千葉県浦安市では、ふき出した砂が30cm以上にもなる液状化が発生して、住宅がかたむく、鉄筋コンクリートのビルやマンションの周囲の地盤が沈下して建物が抜け上がるなどの被害が出ました。液状化が発生すると、地域全体で上水道管やガス管が破損して断水やガス供給停止となったり、マンホールが地上につき出て下水が流れにくくなったり、道路も泥や砂が噴出して歩きにくく、人々の生活に影響を与えました。

　大都市は、低地や埋立地に市街地が多く、液状化の被害が発生しやすいのです。首都圏では、関東平野の低地や東京湾岸の埋立地などで液状化による深刻な被害が心配されます。東京オリンピック・パラリンピック（2021年）を契機に、東京港湾地域には高層マンションなどが多数開発されています。これらが倒壊することはありませんが、地域のライフラインの被災がもたらす生活困難に備えるマンション防災の取り組みは重要です。

　都心南部直下地震の被害想定（中央防災会議2013）では、地震発生の直後には首都圏の49％で停電、31％で断水、固定電話も48％が不通、都市ガスは17％が供給停止になり、下水道も4％程度の支障が出ます。断水して水洗トイレが使用できず、高層マンションでは停電が続けばエレ

▲液状化によってかたむいた交番（千葉県 浦安市、2011年東日本大震災）

ベーターも動かないなど、生活に多大な不便が生じます。特に水道やガスなどの地中に設置されている施設は復旧にも時間がかかり、2か月間支障が続く地域もあると想定されます。このようなライフライン施設については、耐震対策だけではなく液状化対策が必要になります。

▲高架が崩壊するなどして寸断された阪急電鉄
（兵庫県 伊丹市、1995年阪神・淡路大震災）

交通への影響

　都心南部直下地震の被害想定（中央防災会議2013）によると、交通網にも大きな被害が生じます。高速道路の620か所、幹線道路の120か所、一般道路の280か所で段差などが生じる被害、一般道路の50か所で道路の崩壊や橋梁の ずれ など通行ができなくなる大きな被害が発生すると想定しています。首都高速道路は、都心と郊外地域をつなぐ重要な緊急輸送ルートに指定されているため、そのほとんどで耐震化が進められています。しかし、消火・救助活動の車両や救援物資の運搬車両、ライフラインの修理など緊急車両の通行が優先されるので、道路交通はかなりの期間にわたって一般車両の通行が大きく制約されることが想定されます。被害が集中する木造住宅密集地域では、建物やブロック塀の倒壊などによって多くの道路がふさがれる おそれ もあります。

　鉄道では840か所の線路や鉄柱、架線に被害が発生するとされ、JR・地下鉄・私鉄各線に最大200万人が乗車している通勤ラッシュ時に地震が発生すれば、大きな混乱も想定されます。震度4以上の ゆれ で安全確認のために鉄道の運行が停止されるため、平日の昼間に地震が発生した場合、首都圏全域で外出者約1700万人のうち最大800万人、東京都では最大590万人が帰宅困難になり、東日本大震災以上の大混乱が想定されます。また、鉄道の復旧に数週間は必要で、会社への出勤も困難な状況が長期間続くとみられます。

　陸上交通だけではなく、液状化などで東京湾の港湾施設の約半数（250埠頭）にも支障が発生する可能性があります。船による大量の物資輸送が難しくなれば、被災地への大量の生活支援物資や復旧・復興資機材の輸送を担う海上交通が長期にわたって停滞するおそれもあります。

産業・経済活動への影響

　産業施設が直接被害を受けるだけでなく、電気や通信がとまって操業が不能になり、鉄道や港湾などが使えず通勤や物流がとどこおるため、さまざまな産業活動が停滞することも考えられます。政治・経済の中枢であると同時に産業の集積地である首都圏の被災は、全国的にその影響が及ぶことになります。例えば、東京港や千葉港などのコンテナ輸送が停滞すると関東地方から南東北地域を含む広域の物流に大きな影響が出ます。さらに大企業の本社が被災すれば、企業としての意思決定や決裁が遅れるなど国内外の生産活動にも影響が出ます。

　産業の損失は、工場・事務所や生産施設・設備の被災による被災後1年間の生産・サービスの低下で47.9兆円、また6か月間の道路と鉄道の機能停止で7.7兆円、1年間の港湾の機能停止で4.5兆円、通勤や物流の支障により1年間で12.2兆円などの損失が推計されています。さらに、被災した住宅や産業施設、ライフライン、公共建物の再建費用が47.4兆円とみられています。その合計107.5兆円とは、年間の国家予算に匹敵する大きな規模です。

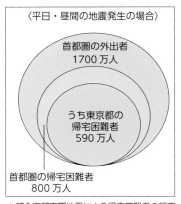

〈平日・昼間の地震発生の場合〉

首都圏の外出者
1700万人

うち東京都の
帰宅困難者
590万人

首都圏の帰宅困難者
800万人

▲都心南部直下地震による帰宅困難者の想定

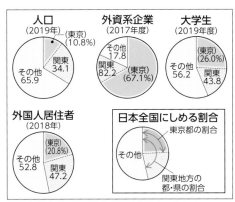

人口
（2019年）
（東京）
（10.8%）
その他
65.9
関東
34.1

外資系企業
（2017年度）
その他
17.8
関東
82.2
（東京）
（67.1%）

大学生
（2019年度）
（東京）
（26.0%）
その他
56.2
関東
43.8

外国人居住者
（2018年）
（東京）
（20.8%）
その他
52.8
関東
47.2

日本全国にしめる割合
東京都の割合
その他
関東地方の
都・県の割合

▲東京への集中〈住民基本台帳人口・世帯数表 平成31年版ほか〉

ここも見てみよう　液状化現象➡p.22、ライフライン・復旧・復興➡p.60用

事例

▲「復興まちづくり訓練」のようす
（東京都 豊島区 2019年）

対策 首都直下地震に備えた 防災・減災の取り組み

政府・自治体・企業による事前の取り組み

　政府や各自治体では、東日本大震災の教訓を受け、災害の発生前に被害を軽減する「国土強靱化計画」をつくって備えようとしています。被害そのものが減れば、災害の発生時の対応も復旧・復興の取り組みもしやすくなるからです。また、災害対策基本法が改定され、住民が主体となって「地区防災計画」をつくることもできるようになりました。さらに、企業は被災後にも事業を継続して倒産させないための「事業継続計画（BCP）」を、自治体も行政を維持するための「業務継続計画（BCP）」を策定して備えています。

　東京都では、阪神・淡路大震災を教訓にした震災復興マニュアルなどを整備し、毎年、市区町村の職員を対象として復興計画策定や手順についてモデル被災地区で検討する「都市復興訓練」などに取り組んでいます。さらに木造住宅密集地域などで地域住民と区や市が連携して、被害想定をもとに復興まちづくりをイメージし、計画を策定してみるなどの「復興まちづくり訓練」にも取り組んでいます。これらは、首都直下地震などから迅速に復旧し着実に復興するための事前復興計画の取り組みです。

　また、企業が周辺の地域社会と連携して防災に取り組んでいる例もあります。例えば制震構造の六本木ヒルズでは、「逃げ出す街から逃げ込める街へ」をコンセプトに、5000人の帰宅困難者を受け入れられる水や食料などを備蓄したり、地域の住民や通勤者とともに防災訓練を行ったりなど、積極的に新しい防災の取り組みを進めています。

　さらに、首都直下地震については、都心南部直下地震の被害想定をもとに、2013年に「首都直下地震対策特別措置法」が制定されました。首都圏の各自治体では、これを受けてあらためて防災計画を策定し、取り組みを強化することになっています。

火災から命を守るために

　首都直下地震において最も深刻な被害をもたらすのは火災です。この火災から命を守るための対策として、火災に取り囲まれても安全が確保できる芝公園のような大規模な公園、団地、大学キャンパスなどが「避難場所」として指定されています。東京区部の広域避難計画（2020年）では、221か所55㎢の避難場所が指定され、避難有効面積30㎢に987万人が避難できるように避難区域が割り

あてられています。また、ビル化している都心や副都心は避難を必要とする大火災が発生しないので、地区内にとどまって各自で安全を確保する地区内残留地区（40地区115k㎡）を指定しています。なお、通勤・通学や私用など東京以外からの来街者も、地震火災のときにはその地域で指定された避難場所に避難しなければなりません。各地の避難場所は自治体のホームページなどで確認できます。

都市計画でも、火災への対策が取られています。例えば、幹線道路沿いの建物を燃えにくい建物に改築（不燃化）して火災が広がらないようにする延焼遮断帯の整備や、木造住宅密集地域でせまい道路を広くしたり行き止まりの路地をつないだりして避難しやすくし、広場には消防用の貯水槽を整備するなどの防災まちづくりが行われています。

火災による被害を少しでも減らすためには、何より住民一人ひとりの取り組みが重要です。例えば、出火の確率は建物の倒壊に比例しますから住宅の耐震改修は火災を減らします。ほかにも、地震火災の約半分を占める通電火災を防ぐ感震ブレーカーの設置や、住宅の壁を燃えない材料に改修する不燃化などへの取り組みで被害が軽減できます。そのため、多くの自治体では耐震設計などの技術支援や、工事費用などの経済的助成を行っています。さらに出火しても地域で協力して初期消火すれば被害が減りますから、地域に自主防災組織を設立し、防災訓練を重ねることも重要な取り組みです。

大都市で地震に遭遇したら

首都直下地震に備えて、自宅を耐震化・不燃化し、室内では大きな家具や電化製品を固定しておく家具固定が重要です。大都市では被災者が多数発生しますが、食料や緊急物資がすぐには届けられないので、最低3日間分、できれば1週間分の飲料水・食料・携帯トイレなどを備蓄しておく必要があります。また、自宅から火災を出さないために消火器も準備しておくとよいでしょう。高齢者など薬が必要な人は、「お薬手帳」とともに2週間分の薬の備蓄が望ましいといわれています。

大都市で外出中に地震が発生すると、必ず帰宅困難になると考えておかねばなりません。自宅の耐震化や家具の固定、備蓄などの備えによって、家族の安全を確保し

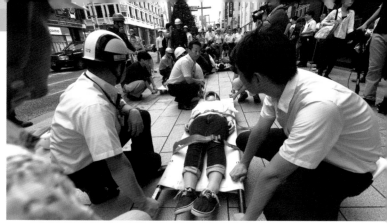

▲東京 銀座で行われた防災訓練（東京都 中央区 2017年）

ておくことが重要なのです。安否確認には、災害時の音声による伝言ダイアル（171）や、SMSやインターネットによる伝言板サービス（web171）の利用方法も家族で確認しておくことが重要です。

外出先で地震が起こったときも、場所や状況に応じた冷静な対応が重要です。大都市では、勝手な行動でパニックを引き起こすことが最も危険です。電車や地下鉄に乗っているときは、落ち着いて指示にしたがいましょう。高層ビルや地下街でも、慌てて外や地上に逃げ出すことは危険です。もし地下街で火災が発生して けむり が充満したり、海岸近くで津波による浸水のおそれがあったりする場合は、落ち着いて、指示に応じてすみやかな避難が必要です。その際には、我先に避難ではなく、避難行動に支援が必要な人を手助けして一緒に避難しましょう。高齢社会の現代においては、支援が必要な高齢者などの災害弱者に対して、若い人たちが「支援者」となって支えることが不可避です。

「帰宅困難問題」を減らすために

自宅において地震への備えが万全で、自宅も家族も安全であることが確認できれば、急いで帰る必要はなくなるはずです。それが、急いで帰りたいのに帰れなくてパニックになってしまう「帰宅困難問題」を減らすための、最も基本的な取り組みであり、徒歩帰宅による大混乱や帰宅途上での二次災害も防ぐことにつながります。大都市では一斉帰宅をしないで会社や学校にとどまるために、会社や学校でも数日分の備蓄をしておくことや、ロビーなどを来街者のための一時滞在場所として提供し、みんなで助け合うことも必要です。

ここも見てみよう　災害対策基本法➡4巻 p.29、耐震・制震➡ p.40－41、復旧・復興・避難場所・通電火災➡ p.60用

おわりに

　私たちが暮らす日本は、適度に暖かく、適度に雨が降る地域にあるため、美しく豊かな自然に恵まれています。山に目を向ければ、春の新緑や秋の紅葉など、四季折々の美しい景色を楽しむことができます。そして、山間には数多くのせせらぎをみることができます。また、海に目を向ければ、美しい砂浜が続く海岸、荒々しくも雄大な磯の風景などをながめることができます。

　昔から、日本人はこうした自然をたくみに利用してきました。稲の生育に適切な気温と降水のおかげで、米づくりの文化を育んできました。また、火山の周辺にわく温泉を病気やけがをなおす場として利用したりもしてきました。さらに、海は魚などの食料を得る場として重要であるだけでなく、海水浴やマリンスポーツの舞台としても活用されています。日本は世界のなかでも最も自然に恵まれ、自然とともに歩んできた国の一つといえるでしょう。

　しかし、自然は常におだやかで恵みだけをもたらすとは限りません。恵みの大地は思いもよらぬところで大地震を起こし、都市や建物を破壊することがあります。また、大きな地震は津波を引き起こし、多くの人命や財産をうばうこともあります。火山は噴火による火山灰を広範囲にまき散らし、溶岩や火砕流が近くの集落を飲みこんでしまうこともあります。ふだんは恵みの雨であっても、長時間同じ場所に降り続けることによって、洪水や土砂崩れなどを引き起こすこともあります。自然は恵みでもあり、おそれの対象でもあるのです。

　このように、私たちにとってかけがえのない自然は、「恵み」と「おそれ」の両面をもっており、それは人間の力の及ぶ範囲をはるかに超えています。そのため、ときとして大きな災害をもたらすことがあります。そのときに被害を最小限にくいとめられるよう、災害が起こるしくみを正しく理解し、防災への取り組みをふだんから心がけることは、とても大切です。そうすれば、いざというときに正しい判断と適切な行動によって、自分の命を守れるに違いありません。また、自然災害にあってしまった人たちを一人でも多く助けることができることでしょう。この本はそうした思いを込めて、災害が起こるしくみ、防災の取り組み、災害にあったときの心がまえをできるだけわかりやすくまとめました。

　読者のみなさんが将来にわたって、この本で学んだこと・感じたことを心に刻んでくれることを願っています。そして、万が一災害に巻き込まれたときに、この本に書かれていることを思い出して、困難を乗り越えてくれることを祈っています。

帝国書院編集部

■ 糸魚川－静岡構造線

本州中央部(糸魚川〜静岡)を縦断する大規模な断層で、フォッサマグナ(東日本と西日本を分ける地溝帯)の西の縁にあたる。古い地質学的な断層として定義され、そのうちの一部は活断層であることが分かり、糸魚川－静岡構造線断層帯として注目されている。この断層帯は北アメリカプレートとユーラシアプレートの境界に相当する可能性が指摘されている。

■ エコノミークラス症候群

「静脈血栓塞栓症」の俗称。血栓(血管中の血液のかたまり)ができて足などの細い血管がつまることで、血栓が肺に達して肺の血管がつまることもある。エコノミークラスとは航空機の運賃の安い席のことで、せまい空間に長時間同じ姿勢でいるとなりやすいことからこのよび方が生まれた。自動車のなかなどでも起こりうる。

■ 海溝

海溝の英語(trench)は「溝」「堀」という意味で、海に関しては細長く深さが6000m以上の海底の溝を指す。太平洋の周囲に多く、津波の原因となる地震を起こすことが多い。東北地方太平洋沖地震(2011年)の震源となった日本海溝は長さ約800km、幅約100kmで、最大深度は8000mあまりである。

■ 海嶺

プレートの「広がる境界」においてマントルが上昇することにより、海底が隆起して生じた海底山脈。大規模な海嶺は大西洋、インド洋、太平洋東部にある。アイスランドは大西洋中央海嶺の上に位置し、陸上で活発な火山活動がみられる。

■ 仮設住宅

(応急)仮設住宅とは、災害によって住宅を失い、自力での再建がすぐには難しい人に対して、行政が応急的に建設し貸し出す住宅のこと。災害発生から20日以内に建て始め、一定の貸与期間が定められている。仮設住宅は公園などの空き地に設けられ、入居は抽選となる場合も多い。

そのため、もとの居住地から離れて生活しなければならないこともある。

■ 災害関連死

地震により建物の下敷きとなったり、津波にのまれたりするなどの直接の被害ではなく、災害の影響によって避難中や避難後に亡くなること。例えば、避難所生活での環境の激変で衰弱したり、十分な医療・介護を受けることができなかったり、災害による精神的なダメージを受けたりして死にいたる場合で、特に高齢者に多い。阪神・淡路大震災(1995年)以降に制度化され、災害関連死と認定されれば災害弔慰金の支給対象となる。震災によるものは「震災関連死」ともいう。

■ 震度

場所ごとの地震の ゆれ の大きさを表す尺度。一般に震源に近いほど震度は大きく、遠いほど小さくなるが、地盤の状況によっても値は変わる。気象庁はかつて、体感や周囲の状況から震度を推定していたが、1996年4月以降、全国に設置した計測震度計の観測データをもとに速報するようになっている。震度の階級とゆれの程度は下表のとおり。

■ 台地・低地

ともに平野を構成する地形。日本の台地は13万年前〜1万年前にできた平坦な土地(当時の低地)が隆起してできたもので、広義にはもっと古いものや、火山からの溶岩でできたものも含まれる。一方、低地は1万年前〜現在の間に河川・海の堆積作用によってできた平坦な土地で、沖積低地・沖積平野とよばれることもある。台地は畑作、低地は水田という土地利用が中心であったが、それぞれ都市化が進んでいるところが多い。

■ 大陸プレート・海洋プレート

プレートは大陸プレートと海洋プレートに分けられる。日本周辺のプレートのうち、ユーラシアプレートと北アメリカプレートは大陸プレート、太平洋プレートとフィリピン海プレートは海洋プレートである。大陸プレートには地球誕生以来のきわめて古い岩石があるのに対して、海洋プレートは比較的新しく、地球内部からのマントルがわき出して形成されたと考えられている。海洋プレートは大陸プレートより重いため、大陸プレートの下に沈み込みやすい。

震度	人の体感	屋内の状況	屋外の状況
0	人はゆれを感じないが、地震計には記録される。	―	―
1	屋内で静かにしている一部の人が、ゆれをわずかに感じる。	―	―
2	屋内で静かにしている人の大半が、ゆれを感じる。眠っている人のなかには、目を覚ます人もいる。	電灯などつり下げられたものが、わずかにゆれる。	―
3	屋内にいる人のほとんどが、ゆれを感じる。歩いている人のなかには、ゆれを感じる人もいる。眠っている人の大半が、目を覚ます。	棚にある食器類が音を立てることがある。	電線が少しゆれる。
4	ほとんどの人が驚く。歩いている人のほとんどが、ゆれを感じる。	電灯などつり下げられたものは大きくゆれ、棚にある食器類は音を立てる。置物がたおれる。	電線が大きくゆれる。自動車を運転していて、ゆれに気づく人がいる。
5弱	大半の人が、恐怖を覚え、何かにつかまりたいと感じる。	電灯などつり下げられたものは激しくゆれ、棚にある食器類や本が落ちる。置物の大半がたおれる。固定していない家具が移動し、不安定なものはたおれる。	まれに窓ガラスが割れて落ちることがある。電柱がゆれるのがわかる。道路に被害が生じる。
5強	大半の人が、何かにつかまらないと歩くことが困難。	棚にある食器類や書棚の本で、落ちるものが多くなる。テレビが台から落ちる。固定していない家具がたおれる。	窓ガラスが割れて落ちる。補強が不十分なブロック塀が崩れる。据つけが不十分な自動販売機がたおれる。自動車の運転が困難。
6弱	立っていることが困難。	固定していない家具の大半が移動し、たおれる。ドアが開かなくなる。	壁のタイルや窓ガラスが破損、落下する。
6強	立っていることができず、はわないと動くことができない。ゆれによって飛ばされることもある。	固定していない家具のほとんどが移動し、たおれる。	壁のタイルや窓ガラスが破損、落下する建物が多くなる。補強が不十分なブロック塀のほとんどが崩れる。
7		固定していない家具のほとんどが移動したりたおれたりし、飛ぶこともある。	壁のタイルや窓ガラスが破損、落下する建物がさらに多くなる。補強されているブロック塀も破損する。

▲震度の階級とゆれの程度〈気象庁資料より〉

■ 用 語 解 説 ■

■ 断層

もともとひとつながりの地層が断ち切れている境界面。地層に外からの力がかかり、ある面(断層面)に沿ってずれて生じる。断層がずれることにより地震が起こるため、断層の動きは地震の原因そのものである。ゆれによって二次的に生じた亀裂は断層とはよばない。現在と大地の動きが同様であった過去(おおむね数十万年間)に繰り返して活動した断層は今後も活動する可能性が高いため、「活断層」とよんで防災上注目される。

■ 地殻変動

地球の表面をつくっている地殻が変形する現象。土地の隆起・沈降、断層、褶曲などさまざまな動きがある。現在の地形などの地表の状況はそれらの動きの結果であり、活発な地殻変動が造山運動につながることもある。とくに地震予知をはじめとする地震の研究には、地殻変動の観察・監視が重要である。

■ 地溝帯

両側を断層でくぎられ、その間が相対的に低くなった細長い地帯。その規模・長さはさまざまで、例えばアフリカ大地溝帯は死海から紅海、エチオピア高原を経てマラウイ湖にいたる全長7000kmの長大なものである。紅海周辺はマントルがわき上がるプレートの「広がる境界」であり、地溝はその割れめに相当する。エチオピア高原以南は現時点ではプレート境界ではないが、やがて「広がる境界」になっていく前の段階と考えられている。

■ 長周期地震動(長周期振動)

地震ではさまざまな周期のゆれが同時に発生するが、短周期のP波・S波に対して、周期の長い地震動のこと。「周期」とは振動が1往復する時間で、建物にもそれぞれ ゆれ に固有の周期がある。一般に、超高層ビルや石油タンクなどの巨大建造物の固有周期は長く、短周期の地震動ではあまりゆれないが、長周期の地震動で、とくに固有の周期に一致するときには共振現象を起こし、非常に大きくゆれる。

■ 通電火災

地震などに伴う停電のあと、通電が再開されるときに発生する火災。阪神・淡路大震災(1995年)では、出火原因が特定された神戸市内の55件の火災のうち35件が電気に関係する火災で、うち33件が通電火災であった。これを機に、自宅のブレーカーを切ってから避難するよう注意喚起されるようになった。また、地震を感知すると自動的に切れる感震(遮断)ブレーカーや、プラグが飛び出す感震コンセントの設置が推奨されている。

■ ハザードマップ

災害による被害を最小限におさえるために、災害が起こった場合に予想される被害や避難経路・避難場所などが分かるように作成された地図。「ハザード」とは災害を意味する言葉で、地震、津波、火山噴火、水害などさまざまな自然災害について、多くの地方自治体(都道府県・市町村)が作成している。

■ P波・S波

ともに地震で発生して地殻を伝わる波。P波は進行方向に対して平行な向きに振動する縦波である。S波は進行方向に対して垂直な向きに振動する横波で、振幅はP波よりも大きい。速度はP波が秒速6〜7km、S波が秒速3〜4kmなので、同時に発生しても、P波が先に到達して小さなゆれ(初期微動)を伝えて、その後にS波が大きなゆれ(主要動)を伝える。

■ 避難場所・避難所

(緊急)避難場所とは、災害の危険から逃れ命を守るための施設や場所のことである。一方、避難所とは、住宅に災害の危険がある人が必要期間、また、自宅に戻れなくなった人が一時的に滞在するための施設や場所のことである。どちらも地震や津波、洪水などの自然災害に応じて、安全が確保できる施設を各市町村が指定している。

■ 復旧・復興

復旧とは、被災した道路や河川などの土木施設や、学校などの公共施設の工事を進め、町全体を災害前のもとの状態に戻すことを意味する。復興とは、もとよりもより安全で快適に再建し、地域振興をはかることを意味する。津波災害では、被災範囲が広く町のさまざまな機能が被害にあうため、復旧・復興には長い時間がかかる。

■ ライフライン

電気・ガス・水道・電話や、道路・鉄道など、人々の日常生活に必要な基本的な施設・設備やサービス。阪神・淡路大震災(1995年)以後、大都市での災害に関係して使われることが多くなった。たとえ災害による直接的な被害がなくて自分の生命や住宅が無事でも、ライフラインに異常が生じると、停電・断水や食料不足などの間接的な不都合が発生する。なおこの言葉は和製英語で、英語の本来の意味(命綱、救命ブイ)とは異なる。

■ ブラックアウト

電力会社の管轄するすべての地域で停電が起こる現象のこと。「全域停電」ともよばれ、大規模停電のことを指す。発電設備の故障などで、電気をつくる量と消費量のバランスが崩れ、電気の供給を正常に行えなくなるなどした場合に起きる。その影響は、電気が使えなくなるだけでなく、公共交通設備、通信サービス、役所や学校、病院、警察といった生活基盤がまひするなど、広範囲に及ぶ。日本では、2018年の北海道胆振東部地震の際に初めて発生し、北海道全域が停電した。

■ 隆起・沈降

いずれも地殻変動の一つで、さまざまな地形をつくり出す要因となる。隆起は土地が上昇すること、沈降は土地が下降することである。海岸で土地が隆起すれば海面が相対的に下がり、逆に沈降すれば海面が上昇する。隆起すれば離水海岸(河岸段丘・海岸段丘など)ができ、沈降すればリアス海岸などの沈水海岸ができる。

 # さくいん

 赤文字：地名　　黒文字：事項

わかる！ 取り組む！
新・災害と防災

全5巻

①基礎②事例③対策の3段階で、自然災害の発生のしくみから被害、取り組みまでを体系的に整理！
読者が自然災害を正しく理解し、「自分ごと」としてとらえて備えられるように構成しました。

1巻 地震

掲載事例：熊本地震、阪神・淡路大震災、関東大震災、北海道胆振東部地震など

2巻 津波

掲載事例：東日本大震災、南海トラフ地震による津波（シミュレーション含む）

3巻 火山

掲載事例：雲仙普賢岳、御嶽山、桜島、有珠山、富士山など

4巻 豪雨・台風

掲載事例：平成30年7月豪雨、令和元年東日本台風、鬼怒川水害、伊勢湾台風など

5巻 土砂災害・竜巻・豪雪

掲載裏例：広島土砂災害、荒砥沢地すべり、つくば市の竜巻、2022年札幌大雪など

- ■ 5巻セット（分売可）
  17,600円（本体16,000円＋税）
- ■ 各巻
  3,520円（本体3,200円＋税）
- ■ AB判
- ■ 平均56ページ

執　筆 ● 鈴木　康弘 (名古屋大学 教授)
(執筆順)
　　　　　杉戸　信彦 (法政大学 教授)
　　　　　中林　一樹 (東京都立大学 名誉教授)
　　　　　阪本　真由美 (兵庫県立大学 教授)

執筆協力 ● 武村　雅之 (名古屋大学 特任教授)
　　　　　福留　邦洋 (岩手大学 教授)

アクティビティ
監修 ● 矢守　克也 (京都大学 教授)

写真・
資料提供 ● 朝日新聞社／アフロ／伊豆半島ジオパーク推進協議会／美しい伊豆創造センター／AFP／木下真一郎／空撮ジャパン／国土地理院／国立科学博物館／Cynet Photo／時事通信フォト／東海大学情報技術センター (TRIC)／東北大学災害科学国際研究所／豊島区／NASA／日刊スポーツ／NOAA／人と防災未来センター／毎日新聞社／読売新聞

p.48-49 の「クロスロード」は、チーム・クロスロードの著作物で、登録商標です。「クロスロード」:商標登録番号 4916923 号、「CROSSROAD」:同 4916924 号。詳しくは、矢守克也・吉川肇子・網代剛『防災ゲームで学ぶリスク・コミュニケーション:クロスロードへの招待』(ナカニシヤ出版) などを参照ください。

制作協力 ● 株式会社エディット

この本はおもに 2023 年 12 月現在の情報で作成しています。

わかる！　取り組む！
新・災害と防災
1 地震

2024年 2 月 5 日　印刷
2024年 2 月10日　初版第 1 刷発行

編集者　帝国書院編集部
発行者　株式会社　帝国書院
　　　　代表者　佐藤　清
　　　　〒101-0051　東京都千代田区神田神保町3-29
　　　　電話03 (3262) 4795 (代)
　　　　振替口座　00180-7-67014
　　　　URL　https://www.teikokushoin.co.jp/
印刷者　小宮山印刷株式会社
©Teikoku-Shoin Co., Ltd.2024 Printed in Japan
ISBN　978-4-8071-6699-2　C8325
乱丁、落丁がありましたら、お取り替えいたします。